AF750443

www.ingramcontent.com/pod-product-compliance
Lightning Source LLC
LaVergne TN
LVHW010840051026
849532LV00007B/2768
* 9 7 8 9 3 6 9 0 8 8 5 7 7 *

اردو کا ثقافتی جغرافیہ

(علمی و ادبی مضامین)

مرتب:

مکرم نیاز

© Taemeer Publications LLC
Urdu ka Saqafati Jughrafia (Essays)
by: Mukarram Niyaz
Edition: March '2026
Publisher :
Taemeer Publications LLC (Michigan, USA / Hyderabad, India)

ISBN 978-93-6908-857-7

9 789369 088577

مرتب یا ناشر کی پیشگی اجازت کے بغیر اس کتاب کا کوئی بھی حصہ کسی بھی شکل میں بشمول ویب سائٹ پر اَپ لوڈنگ کے لیے استعمال نہ کیا جائے۔ نیز اس کتاب پر کسی بھی قسم کے تنازع کو نمٹانے کا اختیار صرف حیدرآباد (تلنگانہ) کی عدلیہ کو ہو گا۔

© تعمیر پبلی کیشنز

کتاب	:	**اردو کا ثقافتی جغرافیہ**
مرتب	:	**مکرم نیاز**
بہ تعاون	:	ncpulblog ویب سائٹ سے ماخوذ
صنف	:	تحقیق و تنقید
ناشر	:	تعمیر پبلی کیشنز (حیدرآباد، انڈیا)
سالِ اشاعت	:	۲۰۲۶ء
صفحات	:	۹۴
سرورق ڈیزائن	:	تعمیر ویب ڈیزائن

فہرست

پیش لفظ

زبان محض الفاظ اور قواعد کا نام نہیں، یہ پورے معاشرے کی collective روح، اس کی تاریخ، اس کی یادداشت اور اس کی روزمرہ سانسوں کی ترجمان ہوا کرتی ہے۔ اردو بھی ایسی ہی ایک زندہ اور متحرک زبان ہے جس نے برصغیر کی مختلف تہذیبوں، خطوں اور بولیوں کو اپنے دامن میں سمیٹ کر ایک منفرد ثقافتی جغرافیہ تشکیل دیا ہے۔ یہ جغرافیہ صرف نقشے کی لکیروں سے نہیں بنتا، بلکہ لوگوں کے لہجوں، ان کے تہواروں، رسم و رواج، ادب، موسیقی، فلم، فکشن، سڑکوں اور بازاروں سے تعمیر ہوتا ہے۔ پیشِ نظر کتاب "اردو کا ثقافتی جغرافیہ" اسی وسیع اور رنگارنگ نقشے کو سمجھنے اور دکھانے کی ایک علمی کاوش ہے۔ اس میں شامل مضامین ہمیں بتاتے ہیں کہ اردو کہاں کہاں بولی، سمجھی اور برتی جاتی ہے، کن کن زبانوں سے اس نے اثرات قبول کیے اور کن معاشرتی و آئینی حالات سے اس کی موجودہ صورت سامنے آئی۔ ساتھ ہی یہ بھی واضح ہوتا ہے کہ جدید سائبر سماج میں اردو کا وجود محض nostalgiac یاد نہیں، بلکہ ایک فعال، متعامل اور آگے بڑھتی ہوئی حقیقت ہے۔ اس کتاب کا بنیادی مقصد طالب علم، قاری اور محقق کو یہ احساس

دلانا ہے کہ اردو کی بقا، ترقی اور ترویج محض جذباتی نعروں سے نہیں، بلکہ اس کے ثقافتی جغرافیے کو سمجھ کر، اس کے سماجی مسائل وامکانات کو جان کر اور عملی حکمتِ عملی ترتیب دے کر ممکن ہے۔ یوں یہ مجموعہ صرف معلومات نہیں دیتا بلکہ ذہنوں کو جھنجھوڑتا، سوال اٹھاتا اور نئی راہیں سجھاتا ہے۔

پہلا مضمون "مراٹھی زبان پر اردو کے اثرات" (ہاجرہ بانو) دکن اور مہاراشٹر کی مشترکہ تہذیبی فضا میں پیدا ہونے والی زبانوں کی باہمی رفاقت کو نمایاں کرتا ہے۔ اس میں دکھایا گیا ہے کہ روزمرہ، محاورات، شعری اصطلاحات اور شہری کلچر میں اردو نے مراٹھی کو کیسے متاثر کیا اور دونوں کی ایک مشترکہ تہذیبی زمین بنی۔ دوسرا مضمون "اردو اور بھوجپوری کا رشتہ" (پرواز احمد) اتر پردیش اور بہار کی سرحدی فضا میں تشکیل پانے والے لسانی میل جول کا جائزہ لیتا ہے، جہاں بھوجپوری لوک گیتوں، محاوروں اور دیہی ثقافت میں اردو کی جھلک دکھائی دیتی ہے، اور اردو فکشن وشاعری میں بھوجپوری لہجے کی مٹھاس در آتی ہے۔

تیسرا مضمون "ترکی میں اردو زبان وادب" (امتیاز رومی) عالمِ اسلام کی دو اہم تہذیبوں، برصغیر اور اناتولیہ، کے درمیان ادبی ربط وضبط کو سامنے لاتا ہے۔ عثمانی دور سے جدید ترکی تک، اردو کے تراجم، اقبال اور دیگر شعرا کی پذیرائی، اور ترکی جامعات میں اردو تدریس کے نقوش اس مضمون کا مرکزی موضوع ہیں۔ چوتھا مضمون "اردو زبان وادب پر فارسی زبان وادب کے اثرات" (نصرت امین) اردو کے تہذیبی شجرہ نسب کی طرف رہنمائی کرتا ہے؛ فارسی لفظیات، استعارات،

عروض، نثر و نظم کے اسالیب اور درباری / خانقاہی فضا نے اردو کو جو رنگ و آہنگ دیا، اسے نہایت جامع انداز میں بیان کیا گیا ہے۔

پانچواں مضمون "اردو فکشن پر بہار کے علاقائی اور تہذیبی اثرات" (شہاب ظفر اعظمی) میں بہار کے قصبات، میلوں، صوفی خانقاہوں، لوک روایات اور طبقاتی ساخت کے اردو فکشن پر اثرات کا جائزہ ہے، خصوصاً ان ناولوں اور افسانوں کا جو بہار کی مٹی کی خوشبو لیے ہوئے ہیں۔ چھٹا مضمون "ہندوستانی آئین میں اردو زبان کا مقام" (آفتاب عالم) دستوری دفعات، سرکاری زبانوں کے تناظر اور اقلیتی لسانی حقوق کے حوالے سے اردو کی آئینی حالت پر روشنی ڈالتا ہے، اور اس بات پر غور کرتا ہے کہ قانونی تحفظ کے باوجود عملی سطح پر کن چیلنجز کا سامنا ہے۔ ساتواں اور آخری مضمون "اردو زبان و ادب کی ترویج میں سائبر سماج کا حصہ" (ڈاکٹر خان محمد آصف) جدید ڈیجیٹل دنیا میں اردو ویب سائٹس، سوشل میڈیا، بلاگز، پوڈکاسٹس اور آن لائن تعلیمی پلیٹ فارموں کے ذریعے اردو کے نئے امکانات اور نئی قاری برادریوں کا نقشہ کھینچتا ہے۔

یوں یہ مجموعہ اردو کے ماضی، حال اور مستقبل تینوں کو ایک ہی فریم میں لاکر اس کے ثقافتی جغرافیے کی جامع تصویر پیش کرتا ہے۔

ا

مراٹھی زبان پر اردو کے اثرات

ہاجرہ بانو

داستان چاہے کوئی بھی ہو / حروف اور الفاظ نہایت آسانی سے صدیوں کی کہانی بیان کرتے چلے جاتے ہیں جن کے نشیب و فراز میں انسان گردش کرتا ہوا زبان کو قوت بخشتا چلا جاتا ہے۔ جب دو زبانوں کے حروف و الفاظ ایک دوسرے میں شامل ہوتے ہیں تو اس عمل سے مثبت اور منفی پہلو بھی ابھر کر سامنے آتے ہیں۔ کسی کو اپنی زبان کے خزانے میں اضافہ نظر آتا ہے تو کسی کو اپنی زبان گم ہوتی ہوئی محسوس ہوتی ہے۔ یہ حروف بھی اڑتی تتلیوں کی مانند ہیں کبھی اس پھول پر بیٹھے تو کبھی اس ڈال پر بیٹھے۔ شاید اسی موقعے کے لیے کہا گیا کہ

حرف رسوا ہوئے صدا بن کر
آبرو رہ گئی اشاروں کی

آج ہم ریاست مہاراشٹر کی مراٹھی زبان پر اردو کے اثرات دیکھیں گے لیکن اس سے پہلے ذرا مہاراشٹر کی ایک جھلک چند سطروں میں دیکھتے ہیں جو کہ مضمون کی نوعیت کے اعتبار سے ضروری ہے۔

طبعی ساخت کے اعتبار سے خوبصورت ریاست مہاراشٹر ساحلی، پہاڑی اور سطح مرتفعائی، تین حصوں میں تقسیم کیا گیا ہے جس کا زیادہ تر زمینی حصہ آتشی چٹان یعنی بسالٹ سے بنا ہوا ہے۔ کھڑکھڑاتی ہوئی بہتی ندیوں میں گوداوری، تاپتی، نربدا، بھیما اور کرشنا کا شمار ہوتا ہے۔ مغربی حصے میں وسیع بحر عرب جلوہ افروز ہے۔علاقوں کے اعتبار سے گرم اور معتدل آب و ہوا ہر طرف چھائی رہتی ہے۔ جن پر غیر مساوی بارش کی تقسیم جاری رہتی ہے۔ یہاں کاشتکاری ایک اہم پیشہ مانا جاتا ہے۔ دیہاتی و شہری زندگی کی جھلک بیک وقت نظر آتی ہے۔ کچے پکے، ڈھلوان، چھت والے، سیمنٹ کانکریٹ کے گھر انسانی زندگی کی بنیادی ضروریات کو پوری کرتے ہیں۔ لباس میں دھوتی، صدری، پگڑی، ساڑی اور کرتا زیب تن کرتے ہیں۔ دیہاتوں میں موتی، منکے، کوڑی سیپیوں اور مختلف دھاتوں کے زیورات استعمال کیے جاتے ہیں اور شہروں میں سونا، چاندی اور نگینوں کا استعمال ہوتا ہے۔ جوار، باجرہ، چاول، ناچنی، ورتی، گیہوں، اڑد، مونگ، ارہر، لہسن، مرچ، پیاز اور سبزی ترکاریوں کا استعمال اپنی غذا میں کرتے ہیں۔ سمندری دولت، معدنی دولت، جنگلاتی دولت، سیاحتی دولت، صنعتی دولت اور فلمی دولت سے مالامال مہاراشٹر پورے بھارت میں اپنی مثال آپ ہے۔

مہاراشٹر بنیادی طور پر کئی آدی واسیوں کے کلچر پر مبنی ریاست ہے، جس میں بنجارا، گونڈ، بھیل، کوکنا، لمان، پاردھی کیکاڑی، دھنگر، کورکو، وارلی، ٹھاکر، مہادیو کولی، کولام، آندھ وغیرہ شامل ہیں۔ اس تناظر میں دیکھیں تو گورماٹی، مالونی، اہیرانی، مراٹھی اور کوکنی یہاں کی اصل زبانیں ہیں۔ چھٹی صدی عیسوی کے بعد

ہندوستان مختلف علاقائی ریاستوں میں تقسیم تھا۔ محمود غزنوی کی آمد سے کئی سیاسی و سماجی تبدیلیاں ہوئیں جو تقریباً پونے دو سال تک قائم رہیں۔ اس کے بعد محمد غوری اور قطب الدین ایبک نے اپنی حکومتوں کی بنیاد ڈالی تو ہندوستانی ریاستوں نے پھر نئی کروٹ لی۔ اسی درمیان وسط ایشیا سے چنگیز خان کے خوف سے ایرانی بڑی تعداد میں ہندوستان آئے۔ ۱۳۱۶ میں علاء الدین خلجی نے جب دکن فتح کیا تو ایک نئے دور کی شروعات ہوئی جو اورنگ زیب اور انگریزوں و مراٹھوں تک جاری رہی۔ یہ مختصر ترین تاریخی ادوار کا خاکہ ہند آریائی زبانوں کی تشکیل عمل میں لاتا ہے۔ ان متعدد صدیوں میں تہذیبی اختلاط کی کئی مختلف نوعیتیں رہیں۔ زبان و مکان میں اشتراک کی جڑیں بہت گہرائی سے پیوست ہوئیں، جس کا اثر مہاراشٹر دکن کی سماجی زندگی کے ہر شعبے میں نظر آتا ہے۔ یوروپ اور ہندوستان کے تین بڑے خاندانوں کی زبانیں ہند جرمانی، سامی، تورانی میں سے تیسرے خاندان کی تورانی کا سلسلہ دریائے گنگا کے جنوبی حصے کے ذریعے ریاست مہاراشٹر کے شہر ناگپور تک پہنچتا ہے۔ جہاں متمدن کول، گونڈ اور دوسرے تورانی قبائل بسے ہوئے ہیں۔ اس علاقے میں تورانی خاندان کی وہ نو زبانیں بولی جاتی ہیں جو اس لسانی خاندان کے چوتھے ضمنی خاندان کول اور دراوڑی خاندان پر مشتمل ہیں جو مہاراشٹر اور ہندوستان کے مغربی حصے میں ہندی سے اور دکن میں مراٹھی آمیز تیلگو سے قربت رکھتے ہیں۔ ان زبانوں میں سے ایک گونڈ زبان ہے جو ناگپور کے قریب آکر مراٹھی میں ضم ہو جاتی ہے۔ مراٹھی اپنی وسعت اور اہمیت کے لحاظ سے ہندوستانی زبانوں میں صرف ہندی زبان کے بعد رکھی جاسکتی ہے۔ ناگپور سے شمال کی طرف چل کر اندور جا پہنچتی ہے اور پھر جنوب

کی طرف مختلف غیر متعین سمتوں سے ہو کر سورت تک جا کر سمندر سے جا ملتی ہے۔ یہیں خاندیش کی پہاڑیوں میں بھیل قبیلے کے لوگ ملتے ہیں جو کول ہی کی ایک بولی بولتے ہیں۔ مراٹھی زبان کا دکنی خط ناگپور سے ہوتا ہوا بیجاپور پہنچ جاتا ہے پھر یہ زبان بلدام اور دھارواڑ سے ہوتی ہوئی کنڑی زبان میں شامل ہو جاتی ہے۔

چودھویں صدی میں ایران سے کئی صوفیائے کرام نے دکن میں اپنی ادبی خدمات انجام دی ہیں۔ ان کی تصنیف اور تصوف کے اثرات زبان اور روایتی کلچر میں صاف نظر آتے ہیں۔ محمد بن تغلق کے دور میں امیر نجم الدین حسن دکن تشریف لائے تھے۔ جو اعلیٰ مرتبہ شاعر اور تصوف میں ڈوبی ہوئی مقدس شخصیت کے مالک تھے۔ صحیح معنوں میں ان کی آمد سے فارسی ادب کا آغاز دکن میں ہوا۔ ایرانی خیالات اور روایات، زبان کے ساتھ ساتھ دکن کو بھی اپنی گرفت میں لیتے چلے گئے۔ امیر نجم الدین حسن کو مہاراشٹر کی زمین اتنی پسند آئی کہ وہ دوبارہ ایران نہیں گئے۔ آج بھی ان کا روضۂ مبارک خلد آباد مہاراشٹر میں موجود ہے۔

پندرہویں صدی میں دکن میں زبان کا ایک سنہرا دور رہا ہے جس کا تاج فارسی اور اردو دونوں عظیم زبانوں کے سر رہا ہے۔ دکن میں یہ دور فارسی ادب اور ثقافت کا عروج کا تھا۔ ایرانی تاجر خواجہ محمد گیلانی بہمنی سلطنت میں اپنی دانشوری کے باعث وزیر کے عہدے پر فائز ہوئے۔ گیلانی کی ہمہ جہت شخصیت میں بہترین مصنف، اعلیٰ پایہ کا شاعر دوررس سائنسداں اور ماہر ریاضیات پوشیدہ تھے۔ اس لیے جب انھوں نے سلطان کی اجازت سے بمقام بیدر ایک انڈو پرشین طرز کا جامعہ قائم کیا تو اس کے علم و فراست کی روشنی دور دور تک پھیل گئی۔ اس وقت سرکاری زبان

کا درجہ فارسی کو حاصل تھا اور آج بھی بشمول ممبئ ان علاقوں پر فارسی کے اثرات دیکھے جاسکتے ہیں۔ عہد بندہ نواز سے عہد محمود گیلانی تک اور پھر عہد قلی قطب شاہ اور عہد ولی دکنی ان سب ادوار میں دکنی زبان کو خوب فروغ حاصل ہوا۔ جس میں فارسی زبان کی روح علاقائی زبانوں کے جسموں کے ساتھ شامل ہے۔ یہ دور فن کا دلدادہ رہا۔ اگر حکمراں فن کی سرپرستی کرے تو فن آسمان کی بلندیوں کو چھونے لگتا ہے اور یہی وہ سنہری دور تھا جب ہر طرف فن، تصوف اور زبان کا بول بالا تھا۔ ان ہی ادوار میں تخلیق شدہ ادب ساری زبانی خوبیوں کا مرقع ہیں۔ رنگینی، سادگی، روانی، نشاطی، معنی آفرینی، تشبیہی اور استعاراتی جواہرات سے مزین ہیں اور اس میں کوئی دورائے نہیں ہے کہ یہ سارے جواہرات ایران و عربستان سے آئے اور دکنی زبان کے تاج میں جڑ گئے۔ ان ادوار کے صوفی شعرا کا کلام ہو یا خواجہ بندہ نواز گیسو دراز یا پھر حکمراں قلی قطب شاہ ہوں یا پھر ولی دکنی ان سب کی تصانیف اس بات کا منھ بولتا ثبوت ہیں۔ کرناٹک، تلنگانہ، آندھرا پردیش، کیرالہ اور مہاراشٹر کی مقامی زبانوں کے الفاظ اور لسانی قواعد کے اشتراک سے دکنی زبان نے ایک نیا رنگ پایا لیکن ان کی بنیاد عربی اور فارسی ہی رہی کیونکہ فارسی زبان کو ایک سیکولر ذریعہ سمجھا جاتا تھا۔ تمام مذاہب کے لوگوں نے اسے پوری طاقت و قوت اور ہم آہنگی سے اپنایا۔ بعد میں سیاسی حالات کے پیش نظر مہاراشٹر کو الگ ریاست قرار دیا گیا اور فارسی کی مہک کے ساتھ اردو کے ۴۰٪ سے زیادہ الفاظ مقامی زبان مراٹھی میں شامل ہوگئے۔ جو آج بھی پوری تابناکی کے ساتھ مروج ہیں۔ الفاظ کی دنیا تو انسانی دنیا سے مماثلت رکھتی ہے جس میں حسن، محبت، توانائی، رعنائی، ہم آہنگی،

نزاکت، استحکام، پائیداری، کمزوری، شرافت اور منافقت بھی پائی جاتی ہے۔ الفاظ تو اشیا، کیفیات اور حالات کے ترجمان ہوتے ہیں۔ جب انسان روزمرہ کی زندگی میں ان الفاظ کے ربط میں آتا ہے تو یہ ترجمانی ایک خوبصورت معانی کا لبادہ اوڑھ لیتی ہے۔ علمی زبان میں انھیں معانی کی علامتیں کہتے ہیں۔ ان ہی علامتوں کے ذریعے انسان سماج میں ایک دوسرے سے کاروباری اور جذباتی اظہار کرتا ہے۔ الفاظ کی تاریخ ہی علاقے میں اپنے سماجی ماحول کی مطیع رہی ہے۔ الفاظ ایک لامتناہی زندگی کا نام ہے اور جہاں زندگی ہے وہاں موت بھی ہے۔ ماحول میں الفاظ جنم لے کر پھلتے پھولتے ہیں اور پھر اسی طرح حالات اور کیفیات کے تحت نشیب و فراز کا شکار ہو کر اپنی زندگی کی افق پر معدوم بھی ہو جاتے ہیں۔ یہ الفاظ ہی ہوتے ہیں جو عبارتوں میں جان ڈالتے ہیں اور بسا اوقات عبارت کی جان نکال بھی لیتے ہیں۔ کبھی یہی الفاظ کئی جذبات و خیالات کو تصویری روپ دیتے ہیں، اسی پلڑے میں الفاظ کی گرانی وارزانی ماپی جاتی ہے، جس کی کسوٹی انسان کے جذبات اور خیالات پر منحصر ہوتی ہے جو آگے چل کر الفاظ کی کئی سمتیں مقرر کرتی ہے، بعض الفاظ جذبات کی آئینہ داری کرتے ہیں ان میں انسان کی دلی کیفیت کا عکس ہوتا ہے، بعض الفاظ مرقع ہوتے ہیں جن میں صرف خارجی کائنات نظر آتی ہے اور بعض الفاظ اپنی گرانی کے سبب بلندی پر قائم رہتے ہیں، ان میں ساز اور رس سمائے رہتے ہیں جب یہ الفاظ عبارت کا روپ لیتے ہیں تو ایک حسین موسیقی پیدا کرتے ہیں۔ مہاراشٹر کی اردو، ہند آمیز مراٹھی بولی اسی کی مثال ہے۔ صوفیوں کے الفاظ میں لاانتہائیت ہوتی ہے جو افق کے پار موجود ذات کی نشاندہی کرتی ہے، اس لیے یہ سب سے افضل ترین ہوتی ہے۔

علامتی ادب میں الفاظ بعض ذہنی، نفسیاتی، روحانی اور سیاسی کیفیتوں کا نشانہ بھی بن جاتے ہیں۔ یہ حالت الفاظ کے استعمال کرنے والے پر منحصر ہوتی ہے کہ وہ امید اور توانائی کا پیغام دیتا ہے یا خود اسے کمزور بنا کر رکھتا ہے۔ ہر زبان میں الفاظ کے عروج و زوال کو اس کے لسانی، تاریخی اور سماجی پس منظر میں دیکھنا چاہیے کیونکہ یہاں تکنیکی فارمولہ کام نہیں آسکتا۔

اب ان الفاظ کو دیکھتے ہیں جو مراٹھی زبان میں پوری آب و تاب کے ساتھ

✎ خدا، نماز، روزہ، داشتہ، ناشتہ، نادیدہ، خانساماں، گلستان، چمنستان، چراغاں، درگاہ، مصیبت، دوستی، دشمنی، اصل، نقل، جان، حقیقت عام بول چال میں، اخباری، زبان میں آسانی سے بولے اور سنے جاتے ہیں۔ پہلے سرکاری زبان فارسی ہونے کی وجہ سے تمام سرکاری دفاتر اور عدلیہ میں فارسی آمیز اردو کی اصطلاحات کا چلن عام تھا۔ مثلاً، سرکاری، سرکار، دفتر، سرکاری دفاتر، دستاویز، دستور، دستوری، دستخط، عدالت، حلف نامہ، وصیت نامہ، قلم (ایکٹ)، حاضر، عمل نامہ، شکایت نامہ، گواہ، چشم دیدہ گواہ، گواہی، پیش، پیشی، پیشکش، پوچی، پوچی خط، منصف، منصف کورٹ، وکیل، وکالت، وکالت نامہ، قید، قیدی، حکم، حکم نامہ، فیصلہ، قانون، دعویدار، تھانے دار، قید خانہ وغیرہ یہ عدلیاتی اصطلاحات مراٹھی زبان میں اب بھی استعمال ہوتی ہیں۔

مہاراشٹر میں ڈرامہ، تھیٹر اور فلم انڈسٹری کے نقوش کافی قدیم ہیں جس پر آریائی تہذیب اور فارسی آمیز اردو کے اثرات آج بھی دیکھے جاسکتے ہیں۔ اس کا اثر علاقائی فلموں میں سب سے زیادہ نظر آتا ہے۔ مراٹھی فلمیں بھی اردو زبان کے اثر

سے خالی نہیں ہیں۔ مغل اور مراٹھا تہذیبوں کا سنگم ان فلموں کو خوبصورت بنا کر اپنی جڑوں تک رسائی کرواتا ہے۔ جرأت مندانہ مراٹھالہجہ اور مغل تہذیبی پوشاک اور زیورات سے آراستہ ان مراٹھی فلموں کے اردو آمیز مکالمے حاضرین میں نیا جوش پیدا کر دیتے ہیں۔ فن موسیقی میں اردو، فارسی، عربی اور مراٹھی کا سنگم دیکھیے۔ راگ، ندا، ناد، آواز، ساز، ندب، نادی، صدر، نوبت، گان، گاین، گانا، نفیری، باجے، شہنائی، مدنگ، تال، تار، ستار، سارنگی، نقارچی، اونچا، سمل، سملت، عور، آسکت، آورت، عشق، عاشق، شاعر، راغ، دف، رباب، طبلہ، طبل بازی، راغب، رغب، راغی وغیرہ۔

مراٹھی زبان میں رائج پیشے، صنعت کار اور پیشہ وروں کے ضمن میں بھی اردو زبان حاوی نظر آتی ہے۔ جس سے مسلم دور کے سماجی و تجارتی ماحول کے بارے میں بھی پتہ چلتا ہے۔ مسلم دور میں بالخصوص مغل دور میں تجارت اور فنون و حرفت و صنعت اپنی انتہا پر تھی۔ سودا، کسب، کمانا، بازار، دکان، مزدور، دلال، لین دین یہ عربی فارسی الفاظ مراٹھی زبان روزمرہ کاروباری استعمال میں ہیں۔ عربی فارسی میں مزدور اور بغیر پیسے کی مزدوری کو بیگار کہتے ہیں یہ بھی مراٹھی زبان میں مستعمل ہے۔ ان کے علاوہ طلب، بیباق، جیسے ثقیل الفاظ بھی تجارتی زبان میں کہے جاتے ہیں۔ تجارتی زبان میں ہنڈی اس خط یا پیغام کو کہا جاتا ہے جو لین دین کرنے والے مہاجن کسی کو روپیہ دلانے کے لیے بھیجتے ہیں یا جسے مہاجنی چیک کہا جائے تو غلط نہیں ہو گا۔ یہ سلسلہ و روایت راجا ٹوڈرمل سے منسلک ہے۔ مدت، انداز، سند، دام، ضروری، کوری، یہ الفاظ اردو زبان اور تہذیب سے متصل ہیں۔ مہاراشٹر میں

جواہرات وزیورات کی بات کریں تو یہاں بھی اردو، عربی وفارسی کا اثر نظر آتا ہے۔ خزانہ، خزانہ داری، صراف، صرافہ، سونا، چاندی، نگینہ، کھرا کھوٹا، ماشہ، تولہ، بارہ بانی، سونے کا فرق، کندن، میناکاری یہ سارے الفاظ اردو فارسی سے جڑے ہوئے ہیں۔ اناج وسبزی ترکاریوں میں تو اردو کے الفاظ ہی مراٹھی زبان میں چھائے ہوئے ہیں۔ گیہوں، جوار، باجرہ، مکئی، چنا، تل، مسور، ارہر، مونگ، ٹماٹر، بیگن، بھاجی، آلو، بھنڈی، گوبھی، کریلا، مولی، ادرک، لہسن یہ سارے الفاظ اردو کے ہیں۔ لکڑی اور تعمیراتی کام کی اصطلاحات بھی اردو سے منسلک ہیں۔ جسے تعمیری کام کرنے والے کو مراٹھی زبان میں مستری کہتے ہیں۔ مستر یہ فارسی زبان کا لفظ مزدور کے لیے مخصوص ہے جو تعمیری کام کرتا ہے۔ تعمیرات میں درکار اوزاروں کے نام بھی مراٹھی میں اردو فارسی کے لیے کہے جاتے ہیں۔ جیسے خراد (جو لکڑی کو چکنا کرنے کے لیے ہوتا ہے)، برما، برادہ، دروازہ، چوکھٹ، خط (لائن لگانا)، ریگ مال، ساہل، میز، کرسی، تخت وغیرہ سب مراٹھی میں استعمال کیے جاتے ہیں۔ اسی طرح زمین اور عمارت کی تعمیرات کے سلسلے میں حد، چونا، سردو (جس سے زمین پکی کی جاتی ہے) دیوار جو دیوال کہا جاتا ہے۔ اس کے علاوہ کنگورہ، برج، گمٹی، (چھوٹا برج) مفیار، محل وغیرہ سب مراٹھی زبان میں رائج ہیں۔

***

۲

اردو اور بھوجپوری کا رشتہ

پرواز احمد

زبان کی وسعت اور ترقی میں لوگوں کی ہجرت بھی خاص اہمیت رکھتی ہے جس کی ایک باقاعدہ تاریخ بھی موجود ہے۔ چودھویں صدی میں محمد بن تغلق نے دیو گری کو دولت آباد کا نام دے کر اپنا دارالسلطنت دہلی سے دولت آباد منتقل کر دیا۔ جس کے سبب بڑی تعداد میں دہلی کی رعایا کو دہلی سے ہجرت کر کے دولت آباد جانا پڑا۔ اس طرح ان کے ساتھ ان کی زبان اور تہذیب و ثقافت بھی دہلی سے دولت آباد منتقل ہوتی ہے۔

برطانوی حکومت میں بھوجپوری خطّے (جنوبی اتر پردیش اور مغربی بہار) کی عوام کو تلاش معاش کے لیے بندھوا مزدور (گرمٹیا) کے شکل میں مختلف ممالک نیپال، فیجی، ماریشس، ٹرینیڈاڈ، سورینام، گیانا، تھائلینڈ، جنوبی افریقہ، یوگانڈہ وغیرہ جانا پڑا تھا۔ یہ گرمیٹیا لوگ جہاں بھی گئے اپنی زبان اور تہذیب و ثقافت کے ساتھ گئے اور ایک مدت کے بعد وہیں مستقل سکونت اختیار کر لی۔

ہندوستان میں اردو زبان بڑے پیمانے پر بولی اور سمجھی جانے والی زبانوں میں

اپنا ایک الگ مقام رکھتی ہے۔ عموماً ہندستان کے لوگ اپنی علاقائی زبان کے ساتھ کسی نہ کسی قومی سطح کی زبان کا بھی علم رکھتے ہیں۔ ہندوستان کے جس بھی حصے یا خطے میں اردو بولی اور پڑھی جاتی ہے وہاں کی کوئی نہ کوئی علاقائی زبان ضرور ہوتی ہے۔ ظاہر ہے کہ اس علاقائی زبان پر اردو زبان کا کچھ نہ کچھ اثر پڑا ہو گا۔ اردو زبان کو اپنی روزانہ زندگی میں استعمال کرنے والے لوگ یا اپنی علاقائی زبان میں اردو کے الفاظ کا استعمال کرنے والے لوگ اردو کو اپنے علاقائی زبان کے صوتی نظام کے حساب سے ہی استعمال کرتے ہیں۔

بعض ماہرین لسانیات بیرون ممالک میں بھوجپوری کے پہنچنے اور بولے جانے کی بڑی وجہ گرمٹیا لوگوں کو قرار دیتے ہیں۔ لیکن اس ضمن میں ایک بات جو توجہ طلب ہے وہ یہ ہے کہ بیرون ممالک میں بولی جانے والی بھوجپوری اور ہندوستان کے الگ الگ خطوں میں بولی جانے والی بھوجپوری میں خاصہ فرق ہوتا ہے۔ یہ فرق صوتی اور لفظی دونوں سطح پر دیکھا جا سکتا ہے۔ مثال کے طور پر ماریشس اور بنگال کی بھوجپوری کو دیکھا جا سکتا ہے۔ ماریشس میں بولی جانے والی بھوجپوری اور بنگال میں بولی جانے والی بھوجپوری میں بڑا فرق ہے۔ اس فرق کی ایک بڑی وجہ وہاں کے مقامی ماحول و معاشرت اور دیگر علاقائی زبانوں کا اثر بھی ہے۔

اردو زبان کا بھوجپوری پر اثر تلاش کرنے کے لیے دونوں زبانوں کے فنکاروں کے متعلقہ ان خطوں میں دونوں زبانوں کا اثر تلاش کرنا ہو گا جہاں اردو اور بھوجپوری دونوں زبانیں پڑھی یا بولی جاتی ہیں۔ بھوجپوری کی پیدائش کو جس علاقے سے منسوب کیا جاتا ہے وہ علاقہ بہار کا بھوجپور ہے۔ اسی بہار میں اردو کا ایک

مرکز دبستان عظیم آباد کے نام سے اردو ادب کی تاریخ میں اپنی ایک الگ پہچان اور اہمیت رکھتا ہے۔ اردو زبان میں فارسی اور عربی زبانوں کے الفاظ زیادہ استعمال ہونے کی ایک بڑی وجہ یہ ہے کہ اردو جس دور میں پیدا ہوئی اس دور میں ہندوستان میں فارسی زبان کا غلبہ تھا اور فارسی کو سرکاری زبان ہونے کا درجہ حاصل تھا۔ اس وقت کے ہندوستان کا اعلیٰ طبقہ اور ادبا و شعرا بھی فارسی زبان میں تصنیف و تالیف کرتے تھے۔ لیکن اردو ادب میں فنکاروں کے اُس فن اور زبان کو مقبولیت حاصل ہوئی جس میں زبان اردو کی علاقائی زبانوں اور بولیوں کا بھی استعمال کیا گیا تھا۔

اردو، ہندی اور دیگر زبانوں کی طرح بھوجپوری کی قواعد بھی موجود ہے۔ بھوجپوری صرف و نحو اور قواعد کافی حد تک اردو اور ہندی کے قواعد سے مماثلت رکھتے ہیں۔ اسی طرح لوک ادب، اردو ادب اور بھوجپوری ادب کے مختلف اصناف کئی معنوں میں ملتے جلتے نظر آتے ہیں بس ان کے نام ایک دوسرے سے مختلف ہوتے ہیں۔ داخلی اور خارجی سطح پر لوک گیت اور اردو ادب کی مختلف اصناف کے بیچ مماثلت کو ڈاکٹر قیصر جہاں اپنی کتاب 'اردو گیت' میں اس طرح دیکھتی ہیں:

"خارجی شاعری کے نمونے ہمیں مثنوی، مرثیہ، نظم جدید، قصیدہ اور رباعی کے ایک حصے میں مل جائیں گے۔ داخلی شاعری کے ذیل میں غزل، گیت، اور رباعی کا بڑا حصہ شامل ہے۔"

(اردو گیت از ڈاکٹر قیصر جہاں، مکتبہ جامعہ لمیٹڈ نئی دہلی، ۱۹۷۷، ص ۱۴)

مختلف موضوعات پر لوک گیت کے مختلف اشعار ذیل میں پیش کیے جا رہے ہیں جس میں اردو زبان کے اثر کو بخوبی دیکھا جا سکتا ہے۔

جوڑا- جامہ

"انگ تورے ریشم کا جوڑا

جھالر میں لاگے ہیرا لال رے"

چند مصرعے اور ملاحظہ ہوں۔

"اونچے دالان بندا جوڑا سنوارے

اما توری بندے سوروج مناوے،

دولہا کے جانی کوئی نجری لگاوے"

(بھوجپوری لوک گیتوں کے ویودھ آیام از ڈاکٹر جیوتی سنہا، اومیگا پبلی کیشن، ۲۰۱۳، ص ۱۹۵)

"الاہ الاہ لوریاں

دودھ بھری کٹوریاں

کٹوری گئی پھوٹ

چندا ماما گئے روٹھ"

(اتر پردیش کے لوک گیت از اظہر علی فاروقی، قومی کونسل برائے فروغ اردو زبان، ۱۹۸۱، ص ۳۸)

بھوجپوری زبان میں تعزیہ کو 'داہا میاں' یا 'داہا بابا' بھی کہا جاتا ہے۔ بھوجپوری میں محرم کے مہینے میں کربلا کے المیہ سے متعلق جو اشعار گائے یا پڑھے جاتے ہیں ان کو 'داہا' کے نام سے ہی منسوب کیا جاتا ہے۔ داہا کا ایک شعر ملاحظہ ہو۔

"حجرت چوڑن مدینہ و مکہ چلن کربلوا کی اور

نانا کارُو جوا اور مائی کی کبُریا سے دور
ارے پہنچیں اُو جاڑی جنگلوا، جہاں جُلم کی بدریا گھنگھور
اور کہلِن آپن کھونواں بہائےکے جُلم کی تیار میں اَجُور"
(بھوجپوری ادب کا تعارف از ڈاکٹر فضل امام، مطبع اسرار کریمی پریس، الہ آباد، ۱۹۴۷، ص ۷۹)

مختلف زبان وادب میں بارہ ماسہ کی روایت قدیم زمانے سے ہی چلی آرہی ہے۔ مختلف زبانوں کے علاوہ ہندستان کی مختلف بولیوں میں بھی بارہ ماسے کا رواج دیکھنے کو ملتا ہے۔ بارہ ماسا وہ صنف ادب ہے جس میں عورت کی زبانی اس کے شوہر کی بِرہ (جدائی) کے اوقات کو سال کے بارہ الگ الگ مہینوں کے اعتبار سے پیش کیا جاتا ہے۔ بارہ ماسا میں مختلف موسم، بہار، رُت، میلہ، خزاں وغیرہ کی مناسبت سے شوہر کی جدائی میں ہونے والے غم اور احساسات وجذبات کو موضوع بنایا جاتا ہے۔ اردو اور بھوجپوری میں گیت کی روایت میں بارہ ماسے کا ذکر قدیم زمانے سے ہی دیکھنے کو ملتا ہے۔ بھوجپوری علاقے کے لوگ ایک زمانے سے گرمٹیہ کی شکل میں روزی روٹی کی تلاش میں بیرون ممالک جاتے رہے ہیں۔ شوہر سے جدائی اور اس جدائی میں سال کے مختلف مہینوں اور موسموں میں شوہر کو یاد کرنے کے عمل کو عورتوں نے اپنے گیتوں میں بھی جگہ دی۔ بھوجپوری برہ یا ہجر کے چند مصرعے ملاحظہ ہوں۔

"میرے ساجن! تم کو پردیس ہی جانا تھا
تو اے ساجن! میرا گونا کیوں لائے
کس کے ہاتھ چٹھی لکھ کر بھیجوں اور کس سے سندیس کہلاؤں

کوے سے چٹھی بھیجوں اور پنچھی سے سندیس کہلاؤں"

چند سطریں اور ملاحظہ ہوں جس سے پردیس جارہے شوہر کے لیے بیوی کے جذبات کی عکاسی ہوتی ہے۔

"کیسے کٹیں گے دن جتن بتائے جاؤ.........

جو تم سیاں میرے جاؤ چکریا اپنی صورت میری بہیاں لکھائے جاؤ

(چاکری) جتن بتائے......... جاؤ"

(لوک گیت از اظہر علی فاروقی، ادارۂ انیس اردو، الہ آباد، ص ۱۴)

بھوجپوری علاقے کے ادبا نے اپنے افسانوں اور ناولوں میں وہاں کے علاقائی اور روایتی موضوعات کو خاص طور پر اہمیت دی ہے جس میں حب الوطنی، مشترکہ تہذیب، تیج تیوہار، غریبی، کسانی، پیدائش اور وفات، ذات پات، خواتین کے حقوق، جاگیدارانہ نظام وغیرہ اہم ہیں۔ ان موضوعات کی پیشکش میں متعلقہ سماج کے ضرب المثل اور کہاوتوں وغیرہ کا بھی بخوبی استعمال کیا گیا ہے۔ ناول گؤدان کا ایک اقتباس ملاحظہ ہو:

"جسم ڈھل گیا تھا۔ خوبصورت گندمی رنگ سانولا پڑ گیا تھا اور آنکھوں سے بھی کم دکھائی دیتا تھا۔ یہ سب کچھ پیٹ کے فکر ہی کے سبب تو تھا۔ کبھی تو جینے کا سکھ نہ ملا۔ اس دائمی خستہ حالی نے اس کی خودداری کو بے دلی میں تبدیل کر دیا تھا۔ جس گرہستی میں پیٹ کو روٹیاں بھی نا مل سکیں اس کے لیے اتنی خوشامد کیوں؟ ان حالات سے اس کا دل برابر بھڑکتا رہتا تھا اور دو چار جھڑکیاں سن لینے ہی پر اسے اصلیت کا پتہ چلتا تھا۔ اس نے ہار کر ہوری کی لاٹھی، مرزئی، پگڑی، جوتے، تمباکو کا

بٹوا، سب لا کر اس کے سامنے پٹک دیے۔"

(گئودان از منشی پریم چند، مکتبہ جامعہ دہلی، جنوری ۱۹۶۶، ص ٦)

یہ اقتباس سماج کے اس ماحول و معاشرت کی حقیقت ہے جس سے ایک غریب کسان نبرد آزما ہوتا ہے اور ان پریشانیوں سے خود کو کبھی بھی علیحدہ نہیں کر پاتا ہے۔

اردو زبان کے جو الفاظ بھوجپوری زبان و ادب میں صوتی تبدیلی کے ساتھ استعمال ہوتے رہے ہیں وہ آج بھی رائج ہیں۔ بعض ادیب انھیں اردو کی بگڑی ہوئی شکل قرار دیتے ہیں۔ اردو زبان کے جو الفاظ بھوجپوری میں تبدیلی کے ساتھ مستعمل ہیں اس کی بڑی وجہ یہ ہے کہ اردو الفاظ کا ایک بڑا ذخیرہ بھوجپوری میں شامل تو ہوا ہے لیکن اس کو بھوجپوری کے رنگ و آہنگ میں ڈھال کر شامل کیا گیا ہے۔ اس طرح وہ اردو الفاظ بھی بھوجپوری کے الفاظ معلوم ہوتے ہیں۔ اسی طرح لوک گیتوں کی زبان بھی علاقائی اور مقامی ہوتی ہے اس وجہ سے الفاظ کے تلفّظ پر مقامی اثر دیکھنے کو ملتا ہے۔ بھوجپوری میں اردو کے ساتھ ساتھ عربی اور فارسی کے الفاظ بھی رائج ہیں۔ اس بابت ڈاکٹر افضل امام کا ایک اقتباس ملاحظہ ہو:

" یہ زیادہ تر اردو اور ہندی ہی سے آئے ہیں۔ یوں تو عربی اور فارسی کے الفاظ تُلسی داس کی رامائن رام چرت مانس میں بھی ملتے ہیں۔ سورداس، کبیر داس، ملک محمد جائسی اور بہاری وغیرہ کے یہاں بھی استعمال ہوئے ہیں۔ لیکن یہ حقیقت ہے کہ بھوجپوری میں کچھ الفاظ براہ راست فارسی سے آئے ہیں کیونکہ جون پور، ایک عرصہ تک مشرقی سلطنت کا پایۂ تخت تھا۔ جون پور کے مشرق اور جنوب میں

بھوجپوری علاقہ ہے اور جون پور کی شاہ گنج تحصیل بھوجپوری علاقہ میں آتی ہے۔"

(بھوجپوری ادب کا تعارف از ڈاکٹر فضل امام، مطبع اسرار کریمی پریس، الہ آباد، ۱۹۴۷، صفحہ نمبر ۲۲-۲۳)

بھوجپوری میں ترکی اور عربی زبان کے الفاظ کے استعمال کی وجہ بھوجپوری پر زبان فارسی اور اردو کا اثر ہے اور یہی وجہ ہے کہ بھوجپوری زبان میں اردو، عربی، فارسی اور ہندی کے الفاظ کی بہتات ملتی ہے۔

اردو، عربی، فارسی و ترکی زبان کے چند الفاظ ذیل میں پیش کیے جا رہے ہیں جو کچھ تبدیلی کے ساتھ بھوجپوری میں رائج ہیں۔ اُجیر (وزیر)، لاس (لاش)، کھاندانی (خاندانی)، دماگ (دماغ)، نباب (نواب)، ترپھ (طرف)، کابو (قابو)، دسمن (دشمن)، ترکی (ترقی)، دروگہ (داروغہ)، متلب (مطلب)، گلتی (غلطی)، موں کدمہ (مقدمہ)، مسہور (مشہور)، جاگیر، بہادر، ارمان وغیرہ۔

بنارس بھوجپوری کا وہ علاقہ ہے جہاں بولی جاتی ہے۔ اتر پردیش کے اس شہر بنارس میں بھوجپوری زبان کے ساتھ اردو الفاظ کا خاصہ استعمال ہوتا ہے۔ بنارس کے مشہور و معروف شعرا میں نذیر بنارسی ایک بڑا نام ہے۔ نذیر بنارسی اپنے کلام میں ان الفاظ کا بخوبی استعمال کرتے ہیں جو اودھ اور اتر پردیش کے جنوبی علاقوں میں عام بول چال میں استعمال ہوتے ہیں۔ نذیر بنارسی کی نظم 'پیارا ہندوستان' کا ایک بند ملاحظہ ہو۔

کالی بلائیں سر پر پالے
شام اودھ کی ڈیرا ڈالے

ایسے میں کون اپنے کو سنبھالے
میرا نواس استھان یہی ہے
پیارا ہندوستان یہی ہے

(کلیات نذیر بنارسی از مرتب ناظر حسین خان، ایجوکیشنل پبلشنگ ہاؤس نئی دہلی ۲۰۱۴، ص ۲۲)

نظم 'پہلی جنگ آزادی' (۱۸۵۷ کے شہیدوں کی یاد میں) کا ایک بند ملاحظہ ہو۔

"موت آئی گلے جو تم سے ملنے
تم نے اسے دیش پیار سمجھا
جب آکے اجل نے تھپکیاں دیں
ماتا کا اسے دلار سمجھا"

(کلیات نذیر بنارسی از مرتب ناظر حسین خان، ایجوکیشنل پبلشنگ ہاؤس نئی دہلی ۲۰۱۴، ص ۳۰)

نظم 'پیارا ہندوستان' کے بند کے دوسرے مصرے میں 'ڈیرا' لفظ کا استعمال ہوا ہے۔ اس لفظ کا استعمال عام طور سے ٹھہرنے والی جگہ یا مسکن کے معنی میں ہوتا ہے۔ لفظ ڈیرا فارسی سے اردو میں اور پھر اردو سے بھوجپوری زبان اور عام بول چال کی زبان میں استعمال ہوا ہے۔

وہیں دوسرا بند جو 'پہلی جنگ آزادی' نظم سے اخذ کیا گیا ہے اس کے آخری مصرعے میں لفظ 'دلار' کا استعمال ہوا ہے۔ یہ لفظ بھی بھوجپوری، ہندی اور اردو زبانوں میں خوب استعمال ہوتا ہے۔

درج بالا نظموں کے بندوں میں جس اردو زبان کا استعمال ہوا ہے وہ تہذیب و ثقافت اور لوک زبان سے متعلق عوام کے جذبات سے کافی قریب تر ہے۔ اس سے ان علاقے کے لوگوں کا آزادی اور ثقافت کے متعلق رجحان اور ان کی محبت کا بھی اندازہ ہوتا ہے۔

ہم دیکھتے ہیں کہ اردو ادب میں بہار اور مشرقی اترپردیش کے علاقوں کے شعرا جیسے شاد عظیم آبادی، اصغر گونڈوی، یگانہ چنگیزی، فراق گورکھپوری، اشرف علی فغاں، جمیل مظہری، کلیم عاجز، نذیر بنارسی وغیرہ کے یہاں علاقائی روایتوں کے اثر کے ساتھ ساتھ عوامی زبان کا خاص اثر بھی دیکھنے کو ملتا ہے۔ اس کی بڑی وجہ یہ ہے کہ وہاں کے لوگوں میں بولی کا اثر بھی اسی شدت کے ساتھ نظر آتا ہے جس شدت کے ساتھ زبان کا۔

بہار اور مشرقی اترپردیش کے اردو اور بھوجپوری شعرا کے یہاں ان کی غزلوں اور نظموں میں حب الوطنی، تہذیب و ثقافت، تیج تہوار، مختلف قسم کے پہناوے، مختلف بولیاں، مختلف زبانیں، لوک تہوار، مصوّری، روزی روٹی، کسان، خواتین کے حقوق، ماں باپ کی خدمت، اُمید جیسے ادبی و لسانی موضوعات کو خاص اہمیت دی جاتی ہے یا یوں کہا جائے کہ یہ شعرا عوام کی سادہ زندگی سے قریب تر ہوتے ہیں اور ان کے احساسات و جذبات اور روزانہ کی زندگی کے عوامل کو اپنی شاعری کا موضوع بناتے ہیں۔

کر دیں گے ہم ایک ان کے لیے خون پسینا
ہم کام کیے جائیں گے مارے ہوئے پتا

آثار بتاتے ہیں پلٹنے کو ہے پانسا
گھورے کے بھی دن کہتے ہیں اک روز پھریں گے
ہم زندہ تھے ہم زندہ ہیں ہم زندہ رہیں گے

(نظم 'داستان آدم' گل نغمہ از فراق گورکھپوری، مطبع الف آفسیٹ پرنٹرس، ص ۱۵۷)

میرا خیال ہے کہ اردو کا بھوجپوری پر اثر دبستان لکھنؤ اور دبستان عظیم آباد کی بڑی دین ہے۔ اردو اور بھوجپوری کے رشتے کے ذیل میں صرف یہ کہہ دینا کہ اردو کا ہی اثر بھوجپوری پر رہا ہے تو یہ درست نہیں ہو گا۔ کسی بھی ادب میں مؤثر طریقے سے اپنی بات اور احساسات و جذبات کو پیش کرنے کے لیے ادیب متعلقہ علاقے کی بولی اور زبانوں کا استعمال کرتا رہا ہے۔ اردو زبان میں بھی شعرا نے اپنے فن پاروں کو مؤثر بنانے کے لیے مختلف بولیوں اور ان کے الفاظ کو اپنے اپنے فن پاروں میں بہت خوبی لے ساتھ برتا ہے۔ مثال کے طور پر فراق کی نظم کا ایک بند ملاحظہ ہو۔

"پرجا ہی ہے دیش کا راجہ
گھر کی چٹائی راج سنگھاسن
سب کی ٹوپی راج مُکٹ ہے
پھوس کا گھر بھی راج محل ہے"

(نظم 'دھرتی کی کروٹ' گل نغمہ از فراق گورکھپوری، مطبع الف آفسیٹ پرنٹرس، ص ۱۶۲)

نظم کے اس بند میں لفظ پرجا، چٹائی، مُکٹ وغیرہ الفاظ کا استعمال ہوا ہے جو عام

بول چال یا لوک ادب میں استعمال ہوتے ہیں۔

اس طرح ہم دیکھتے ہیں کہ جس طرح ایک زبان کسی بولی کو متاثر کرتی ہے اور اپنے ذخیرۂ الفاظ اور صرف و نحو و قواعد کے ذریعے اس کو وسعت و گیرائی عطا کرتی ہے۔ اسی طرح بولیاں بھی کسی بھی زبان و ادب کے ارتقا، ان کی جامعیت اور ان کے ذخیرۂ الفاظ کی وسعت، ان میں اثر پیدا کرنے اور ان کو عوام سے قریب تر لانے اور مقبول عام بنانے میں مددگار ہوتی ہیں۔

***

۳

ترکی میں اردو زبان و ادب

امتیاز رومی

اردو زبان کی انفرادیت یہ ہے کہ متعدد لسانی عوامل کی شمولیت اور مختلف تہذیبی عناصر کی یکجائیت نے اس کے تانے بانے بنے۔ عربی، فارسی، ترکی، ہندی اور انگریزی الفاظ کی مشارکت نے قوت گویائی بخشی اور 'ریختہ' بولی کی سطح سے بلند ہو کر زبان اور پھر ادبی زبان بن گئی۔ ایک ایسی زبان جس کی خوشبو عالمی افق کو مہکا رہی ہے۔ اپنی جائے پیدائش سے ہزاروں میل کے فاصلے پر بھی اپنا وجود نہ صرف قائم کر چکی ہے بلکہ مستحکم بھی، جو برصغیر سے نکل کر دنیا کے مختلف براعظموں میں اپنی لسانی اور تہذیبی شناخت رکھتی ہے۔ چونکہ اردو زبان محض ایک زبان نہیں بلکہ ایک تہذیبی سنگم ہے جس کی بنیاد رواداری اور ہم آہنگی پر قائم ہے۔ یہی وجہ ہے کہ آج بھی دنیا کے مختلف ملکوں اور تہذیبوں کے لیے اردو باعث کشش ہے۔

عالمی منظرنامے پر ترکی ایک ایسا ملک ہے جس سے اردو زبان و تہذیب کے قدیم ترین مراسم ہیں۔ جس کا آغاز ہندوستان میں ترکوں کی آمد سے ہوتا ہے۔ انھوں نے ہندوستان کے تہذیبی و ثقافتی اور لسانی دھارے میں خود کو شامل کر کے

ایک نیا رنگ دیا۔ اردو زبان کی لفظیات میں ترکی الفاظ کا اضافہ کیا۔ نیز حدود سلطنت کی وسعت کے ساتھ ساتھ اردو زبان کا دائرہ بھی وسیع کیا۔ دوسری طرف ہندوستانی مسلمان جب ترکی گئے تو اپنے ساتھ یہ زبان بھی لے گئے۔ ۱۴۵۳ء میں سلطان محمد فاتح نے جب قسطنطنیہ (استنبول) فتح کیا تو اس سلسلے میں اور تیزی آئی۔ بہت سے ہندوستانی مسلمان استنبول میں آباد ہو گئے۔ اٹھارہویں اور انیسویں صدی آتے آتے اس تعداد میں کافی اضافہ ہوا اور یہ تعداد اتنی ہو گئی کہ انیسویں صدی کے آواخر میں استنبول سے اردو اخبارات نکلنے لگے۔ ظاہر ہے کوئی بھی اخبار نکالنے کے لیے ضروری ہے کہ اس کے قارئین کی خاطر خواہ تعداد موجود ہو۔ خلیل طوقار کی تحقیق کے مطابق ۱۸۸۰ میں اردو کا پہلا اخبار 'پیک اسلام' کے نام سے نکلا۔ اس کے بعد دو اور اخبارات نکلے۔ اس حوالے سے خلیل طوقار رقم طراز ہیں:

"استنبول میں نکلنے والے اردو اخبارات کے سلسلے میں ہمارا تین ناموں سے سابقہ پڑتا ہے: 'پیک اسلام'، 'جہان اسلام' اور 'الدستور' علاوہ بریں ان اخباروں میں 'اخوت' کے نام کا بھی اضافہ کیا جا سکتا ہے۔ جو فارسی زبان میں شائع ہونے کے باوجود ہندوستانی صحافیوں کی جانب سے نکلنے کے اعتبار سے قابل ذکر ہے۔ ہماری تحقیقات کے دوران یہ دیکھنے میں آیا ہے کہ استنبول کی لائبریریوں میں ان چاروں میں سے صرف تین اخبارات کے نسخے موجود ہیں اور وہ اخبارات ہیں: 'جہان اسلام'، 'الدستور' اور 'اخوت'، لیکن اب تک 'پیک اسلام' کا کوئی نسخہ نہیں ملا۔

اردو اخبارات میں پہلے نمبر پر ہونے کا شرف پیک اسلام کو حاصل ہے۔ ۱۸۸۰ میں نکلنے والے اس اخبار کے ساتھ استنبول میں اردو صحافت کا آغاز ہوتا ہے۔

'پیک اسلام' اردو اور ترکی دونوں زبانوں میں شائع ہو رہا تھا۔ اس کے مدیر مسؤل نصرت علی خان تھے جو انگریزوں کے خلاف سرگرمیوں میں شرکت کرنے کی وجہ سے ہندوستان سے جلاوطن کر دیے گئے تھے۔ مئی ۱۸۸۰ میں 'پیک اسلام' کا اولین شمارہ منظر عام پر آیا۔"

(ڈاکٹر خلیل طوقار، جہان اسلام، مغربی پاکستان اردو اکادمی لاہور، ۲۰۱۱ ص ۳۶)

اس تحقیق کی رو سے معلوم ہوتا ہے کہ ۱۸۸۰ میں ہی استنبول میں اردو صحافت کا آغاز ہو گیا اور پے در پے تین اخبارات نکلے۔ ترکی میں اردو کا یہی نقطہ آغاز ہے۔ اس سے یہ ظاہر ہوتا ہے کہ اس زمانے میں استنبول اور اس کے گرد و نواح میں اردو بولنے اور پڑھنے والوں کی تعداد اس قابل ہو گئی تھی کہ اخبار نکالنے کی ضرورت محسوس کی گئی۔ تاہم پہلی جنگ عظیم کے ساتھ ہی اردو کے اولین دور کا خاتمہ ہو گیا۔

تعلیم و تدریس

ترکی میں اردو تدریس کا آغاز تو ۱۹۱۵ میں ہی خیری برادران کی کوششوں سے ہو چکا تھا۔ عبدالجبار خیری اور عبدالستار خیری ۱۹۰۴ میں علی گڑھ مسلم یونیورسٹی میں زیر تعلیم تھے۔ وہاں سے قاہرہ، بیروت اور پھر حجاز کے راستے استنبول پہنچے اور یہاں ان دونوں نے مختلف تعلیمی اور سیاسی سرگرمیوں میں حصہ لینا شروع کر دیا۔ خیری برادران نے عثمانی سلطنت میں اردو کی اہمیت و ضرورت محسوس کرتے ہوئے دارالفنون استنبول میں اردو تعلیم کا آغاز کیا۔ اس کی تفصیل بیان کرتے ہوئے خلیل طوقار لکھتے ہیں:

"ان کی سیاسی سرگرمیاں بے شک تاریخی لحاظ سے بہت اہم ہیں مگر ان کے علاوہ ان کا ایک اور بڑا اور ناقابل فراموش کارنامہ ترکی میں یونیورسٹی کی سطح پر اردو زبان کی تعلیم کا افتتاح ہے۔ انھوں نے دارالفنون میں کس تاریخ میں اردو کی تعلیم شروع کرائی اس کے بارے میں ہمارے پاس قطعی معلومات موجود نہیں لیکن اگر ان کی استنبول آمد کو ۱۹۱۴ کے اواخر اور ۱۹۱۵ کی شرعات ٹھہرائیں گے (کیونکہ انھوں نے اگست ۱۹۱۵ میں 'ہند اخوت اسلام انجمنی مرکز عمومیسی' (انجمن ہند اخوت اسلام کا مرکزی ادارہ) کے قیام میں حصہ لیا اور ۱۹۱۵ میں اخوت نامی اخبار کی اشاعت میں اول اول تھے) اور دارالفنون کی حیثیت سے ایک کمیشن میں ان کی پیش کردہ تجویز کی تاریخ جو کہ فروری ۱۹۱۷ ہے، کو دیکھیں گے تو ہم بلا جھجھک یہ کہہ سکتے ہیں کہ ان کا دارالفنون میں اردو کے پروفیسر کی حیثیت سے تقرر فروری ۱۹۱۷ سے پہلے ۱۹۱۵ میں یا ۱۹۱۶ میں ہوا ہوگا لیکن یونیورسٹی کی مجلسوں میں شرکت کر کے تجاویز دینے اور ان تجاویزات کو منوانے کی حد تک دارالفنون کے اراکین پر ان کے اثر و رسوخ کو دیکھیں گے (کیونکہ بالخصوص یونیورسٹی کے اساتذہ پر اثر و رسوخ مرتب کرنے میں بھی کچھ وقت لگتا ہے) تو ہم یہ کہہ سکتے ہیں کہ استنبول یونیورسٹی میں اردو کی درس و تدریس کا سلسلہ ۱۹۱۶ سے بھی پہلے ۱۹۱۵ میں شروع ہوا تھا۔"

(ڈاکٹر خلیل طوقار، ترکی میں اردو تعلیم و تدریس کی صدی اور آئندہ امکانات، مشمولہ ترکی میں اردو زبان و ادب کا صد سالہ سفر، ص۲۶)

اس طرح ترکی میں اردو تعلیم کا آغاز تو ۱۹۱۵ میں ہی خیری برادران کی

کوششوں سے ہو گیا تھا اور اردو اخبارات بھی نکلنے لگے تھے۔ تاہم باقاعدہ طور پر ترکی میں اردو کے دوسرے دور کا آغاز ۱۹۵۰ کے بعد پاکستان اور ترکی کی دوستی سے ہوتا ہے۔ ۱۹۵۶ میں انقرہ یونیورسٹی میں اردو تدریس کا آغاز ہوا اور حکومت پاکستان نے ڈاکٹر داؤد رہبر کو "اردو اور مطالعہ پاکستان" چیئر کے لیے منتخب کیا۔ انھوں نے ترکی میں اپنے تین سالہ قیام کے دوران یہاں کی مختلف جامعات میں اردو زبان کے آغاز و ارتقا اور اس کی تہذیبی و لسانی اور تاریخی پس منظر پر لیکچرز دیے۔ ان کے بعد طارق فاروقی، حنیف فوق، عبادت بریلوی، احمد بختیار اشرف، انوار احمد اور سعادت سعید جیسے اسکالرس کا تقرری کے بعد دیگرے انقرہ یونیورسٹی میں ہوا۔ ان اساتذہ نے ترکی میں اردو کی بنیاد کو استحکام بخشا۔ ڈاکٹر سعادت سعید لکھتے ہیں:

"ان اساتذہ کی شبانہ روز محنتوں کا ثمر یہ ہے کہ آج تک ہزاروں ترک طالب علم اردو شاعری کی مشہور ہستیوں ملا وجہی، ولی گجراتی، خان آرزو، میر تقی میر، محمد رفیع سودا، خواجہ میر درد، نظیر اکبر آبادی، غلام ہمدانی مصحفی، انشاء اللہ انشا، سعادت یار خان رنگین، استاد ابراہیم ذوق، اسد اللہ خان غالب، مومن خان مومن، بہادر شاہ ظفر، داغ دہلوی، مولانا الطاف حسین حالی، اکبر الہ آبادی، حسرت موہانی، جوش ملیح آبادی، فیض احمد فیض، ن م راشد، صوفی غلام مصطفی تبسم، ابن انشا، حفیظ جالندھری، مجید امجد، احمد ندیم قاسمی، ناصر کاظمی، جمیل الدین عالی، احمد فراز، پروین شاکر، منصورہ احمد، جیلانی کامران، افتخار جالب، ظفر اقبال، افتخار عارف وغیرہ کے ناموں اور کارناموں سے روشناس ہو چکے ہیں۔ ان شاعروں میں سے بیشتر کے کلام کو ترک محققوں اور مترجموں نے وسیع تر ترک قارئین کے

لیے ترکی زبان میں خوش اسلوبی سے منتقل کیا ہے۔ علاوہ ازیں عظیم اردو نثر نگاروں کی تحریروں کے ترکی ترجموں سے شعبہ اردو انقرہ یونیورسٹی انقرہ، سلجوق یونیورسٹی قونیہ اور شعبہ اردو استنبول یونیورسٹی کے کتب خانے بھرے پڑے ہیں۔"

(پروفیسر سعادت سعید، ترکی میں اردو ایک مختصر جائزہ، مشمولہ ترکی میں اردو زبان و ادب کا صد سالہ سفر، مرتبین ڈاکٹر خلیل طوقار و علی معین، اردو گھر بہاول پور، ۲۰۱۵، ص ۳۶-۳۷)

انقرہ یونیورسٹی میں شعبہ اردو کے پہلے ترک استاذ کے طور پر ڈاکٹر شوکت بولو کا تقرر ہوا۔ انھوں نے پانچ سال پاکستان میں رہ کر اردو کی تعلیم حاصل کی۔ اس کے علاوہ عربی اور انگریزی پر بھی انھیں قدرت حاصل تھی۔ انھوں نے تقریباً چار دہائی تک اردو زبان و ادب کی خدمات انجام دیں۔

ڈاکٹر شوکت بولو نے اردو کی بہت سی کتابوں کے ترجمے ترکی زبان میں کیے۔ ان میں علامہ اقبال کا مجموعہ کلام بال جبریل، رام بابو سکسینہ کی تاریخ ادب اردو، حامد حسن قادری کی داستان نثر اردو اور ڈاکٹر ابو اللیث صدیقی کی کتاب آج کا اردو ادب خاص طور سے قابل ذکر ہیں۔ نیز ترکی میں اقبالیات کے حوالے سے بھی شوکت بولو نے نمایاں کارنامہ انجام دیا۔ ڈاکٹر شوکت بولو کے ریٹائرمنٹ کے بعد ڈاکٹر سلمی بینلی نے انقرہ یونیورسٹی میں صدر شعبہ اردو کا عہدہ سنبھالا۔ سلمی بینلی کو ادبی تحقیق اور اردو قواعد میں مہارت حاصل تھی۔ 'جدید اردو شاعری ۱۸۵۰-۱۹۰۰' کے موضوع پر انھوں نے پی ایچ ڈی کا مقالہ لکھا۔ اردو غزل کا مجتہد حالی، منصورہ احمد کی شاعری، سعادت حسن منٹو اور حسرت موہانی اور ان کی غزل جیسے موضوعات پر ان

کے مضامین شائع ہو کر داد تحسین حاصل کر چکے ہیں۔ اس کے علاوہ کئی تحقیقی کام ان کی نگرانی میں انجام پا چکے ہیں۔

ڈاکٹر گلسرین ہالی جی اوز کان انقرہ یونیورسٹی شعبہ اردو کے استاذ ہیں۔ انھوں نے جنوبی ایشیا میں مغلوں کے علمی و ثقافتی ورثے پر اپنا تحقیقی مقالہ اور تزک جہاں گیری پر ایم اے کا مقالہ لکھا۔ اس کے علاوہ انھوں نے کئی تحقیقی مقالوں کی نگرانی بھی کی ہے۔ فیض احمد فیض، سجاد حیدر یلدرم اور منصورہ احمد پر بھی تحقیقی مضامین لکھ چکے ہیں۔ ڈاکٹر آسمان بیلن اوز جان بھی انقرہ یونیورسٹی کے شعبہ اردو سے وابستہ ہیں۔ انھوں نے پروین شاکر کی شاعری پر اپنا تحقیقی مقالہ لکھا۔ اورینٹل کالج لاہور میں بھی زیر تعلیم رہی۔ انھوں نے آغا حشر کاشمیری اور حسینہ معین کے ڈرامے اور اقبال اور پروین شاکر کی نظموں کا ترجمہ ترکی زبان میں کیا ہے۔ اس کے علاوہ انھوں نے رامایناکا ہندی سے ترکی میں ترجمہ کیا ہے۔ ان کے علاوہ ایمیل سیلیم، آئے قوت کسٹمر اور داؤد شہباز ریسرچ اسسٹنٹ کے طور پر انقرہ یونیورسٹی میں اپنی خدمات انجام دے رہے ہیں۔

سلجوق یونیورسٹی

انقرہ یونیورسٹی کے بعد سلجوق یونیورسٹی قونیہ میں ۱۹۸۵ میں ڈاکٹر ایرکن ترکمان کی کوششوں سے شعبہ اردو کا قیام عمل میں آیا۔ اس کوشش میں پروفیسر غلام حسین ذوالفقار بھی ان کے ساتھ ساتھ تھے۔ ایرکن ترکمان کی ولادت پاکستان میں ہوئی۔ وہیں سے تعلیم حاصل کی پھر ترکی آکر استنبول یونیورسٹی شعبہ فارسی سے انھوں نے پی ایچ ڈی کی۔ انھوں نے ترکی میں اردو زبان وادب کے فروغ میں بہت

اہم کردار ادا کیا۔ مختلف یونیورسٹیوں میں درس و تدریس کے بعد انھوں نے سلجوق یونیورسٹی میں شعبہ اردو کی بنیاد ڈالی۔ یہاں کا شعبہ اردو زبان و ادب کے ساتھ ساتھ تاریخ تمدن ہند و پاک کے سلسلے میں بھی کافی اہمیت کا حامل ہے۔ اس شعبے سے متعلق محقق اور دانشور اردو زبان کو جتنا برصغیر کا اثاثہ سمجھتے ہیں اتنا ہی خود ترکوں کا بھی سمجھتے ہیں۔ ان کا ماننا ہے کہ برصغیر ہند و پاک کی اردو زبان ترک وراثت کا ہی حصہ اور ترک تمدن کا اس میں بہت کچھ عمل دخل ہے۔ چوں کہ برصغیر میں غزنویوں، غوریوں اور مغلوں کی قائم کردہ حکومتیں ترک تاریخ و ثقافت کو اپنے جلو میں لیے ہوئے تھیں اور فنون تعمیر، فنون حرب اور فنون لطیفہ سے مالامال تھیں، اس لیے ترک انھیں دل و جان سے عزیز رکھتے ہیں۔ اردو زبان بھی انھیں میں سے ایک ہے جس میں مغلوں کے خون پسینے کے ساتھ ساتھ ان کی زبان کے الفاظ بھی شامل ہیں۔ (ایضاً، ص ۴۲)

سلجوق یونیورسٹی کی صدر شعبہ اردو ڈاکٹر نوریے بلک ہیں۔ انھوں نے ایم اے اور پی ایچ ڈی انقرہ یونیورسٹی سے کرنے کے بعد پاکستان کا علمی و ادبی دورہ بھی کیا۔ نوریے بلک نے سجاد حیدر یلدرم حیات اور کارنامے کے عنوان سے اپنا تحقیقی مقالہ لکھا۔ اس کے علاوہ اردو اور ترک گرامر کی مشابہتیں، سجاد حیدر یلدرم کے ترکی ادب سے تراجم، اردو کے اولین اخبار اور اردو زبان کی تاریخ اور ترکیات وغیرہ ان کے تحقیقی مضامین ہیں۔

ڈاکٹر درمش بلغور بھی سلجوق یونیورسٹی کے شعبہ اردو سے وابستہ ہیں۔ انھوں نے انقرہ یونیورسٹی سے ایم اے اور پی ایچ ڈی کی اور نیشنل انسٹی ٹیوٹ آف موڈرن

لینگویجز اسلام آباد سے اردو ڈپلوما کیا۔ مولانا الطاف حسین حالی حیات و تصنیفات، اقبال اور بانگ درا، ۱۸۵۰ سے ۱۹۰۰ کے دوران ہند اسلامی فکری تحریکات اور شاہ ولی اللہ اردو اور ترکیات وغیرہ ان کے تحقیقی موضوعات ہیں۔ ڈاکٹر خاقان قیو مجو اس شعبے کے ایک اور ترک استاذ ہیں۔ انھوں نے اردو ناول نگاری کے موضوع پر پی ایچ ڈی کی۔ اس کے علاوہ اردو ڈرامے کا ارتقا اور آغا حشر اور غالب کی شاعری پر مضامین بھی لکھے ہیں۔ ڈاکٹر رجب درگن، نورائی اوز ترک اور نورائی اوزنچ بھی اس شعبے سے وابستہ استاذ ہیں۔ ان کے علاوہ ایک پاکستانی استاذ احمد نواز نے بھی اس شعبے میں اپنی خدمات انجام دی ہیں۔

استنبول یونیورسٹی

ترکی میں اردو کا تیسرا اور سب سے بڑا شعبہ استنبول یونیورسٹی میں قائم ہے۔ ۱۹۷۴ سے شعبہ اردو کے قیام کے لیے مسلسل کوششیں ہوتی رہیں۔ اس دوران انقرہ یونیورسٹی سے پاکستانی پروفیسر یہاں آتے رہے۔ اکتوبر ۱۹۸۵ میں پروفیسر غلام حسین ذوالفقار کا تقرر استنبول یونیورسٹی کے اردو چیئر پر ہوا۔ اس وقت یہاں شعبہ اردو کا نام و نشان تک نہیں تھا۔ انھوں نے بڑی جد وجہد کر کے اردو کو اختیاری مضمون کا درجہ دلایا اور طلبا میں دل چسپی پیدا کر کے اردو سیکھنے کی طرف مائل کیا۔ تاہم ۱۹۹۰ میں انھیں پاکستان واپس بلا لیا گیا۔ اس دوران پروفیسر غلام حسین ذوالفقار نے خلیل طوقار کو دریافت کر لیا تھا۔ چناں چہ ان کے جانے کے بعد شعبے کی تمام تر ذمے داری خلیل طوقار کے سر آ گئی۔ ۱۹۹۴ سے اس شعبے میں باقاعدہ داخلہ شروع ہو گیا۔ اس وقت وہ اردو کے اکیلے استاذ تھے۔ اسی درمیان پاکستان سے سید

بخاری کو بھیجا گیا مگر انھوں نے اس چیئر کو فضول سمجھ کر پاکستانی وزارت تعلیم کو خط لکھا اور اسے بند کر دینے کا مشورہ دیا۔ اس طرح پاکستانی حکومت نے استاذ بھیجنے کا سلسلہ بند کر دیا ۱۹۹۶ میں ایک اور ترک استاذ احمد ایریوکسل کا تقرر ہوا۔ ۱۹۹۷ میں پاکستانی حکومت نے منصور اکبر کنڈی کو بطور استاذ بھیجا۔ تاہم تین سال بعد وہ بھی پاکستان لوٹ گئے اور پاکستانی حکومت نے یہ چیئر بند کر دیا۔ اس کے باوجود استنبول یونیورسٹی کا شعبہ اردو برقرار رہا۔ بلکہ آج ترکی میں اردو کا سب سے بڑا شعبہ استنبول یونیورسٹی کا ہے۔ خلیل طوقار کی سربراہی میں یہ شعبہ اردو زبان و ادب اور ہند و پاک اور ترکی دوستی کے فروغ میں کوشاں ہے۔

جلال سوئیدان استنبول یونیورسٹی کے شعبہ اردو سے وابستہ استاذ ہیں۔ انھوں نے ایم اے کی تعلیم پنجاب یونیورسٹی لاہور سے حاصل کی۔ غالب اور اقبال کے حوالے سے انھوں نے کئی مضامین لکھے۔ اس کے علاوہ اردو کے شاہ کار افسانے، سفر نامے اور مزاحیہ تخلیقات کو ترکی زبان میں انھوں نے منتقل کیا۔ نیز اردو ادبیات پر ترکی زبان میں ان کی کئی کتابیں شائع ہو چکی ہیں۔ ان کے علاوہ زکائی قارداش، آرزو چفت سورین، محمد راشد، خدیجہ گورگون اور اونور قلیچ ایرر اسی شعبے سے وابستہ اپنی خدمات انجام دے رہے ہیں۔ یونیورسٹیوں کے علاوہ انقرہ میں پاکستانی اسکول بھی قائم ہے جہاں اردو کی تعلیم ہوتی ہے۔ تاہم ان میں صرف پاکستانی طلبا ہوتے ہیں۔

خلیل طوقار کے مطابق ترکی میں اردو زبان و ادب کی تعلیم کا مقصد اہل اردو اور ترکی کے مابین قدیم ترین اخوت و محبت اور تہذیبی و لسانی یکسانیت کو نئی سمت پر

گامزن کرنا اور ریسرچ اسکالرز کی علمی و ادبی سطح پر تربیت کرنا ہے تاکہ وہ اپنی قدیم ترین وراثت سے بخوبی آشنا ہو سکیں۔ ترک طالب علموں میں اردو سیکھنے کی کئی وجوہات ہیں جن میں سب سے اہم برصغیر کی زبان و تہذیب سے ترکوں کی قلبی وابستگی ہے۔ اس کے پس منظر میں ترک اور اہل ہند کی صدیوں پر محیط داستان محبت و عقیدت ہے۔ پہلے پہل ترکوں نے اپنے عہد حکومت میں ہندوستان کو خوب سینچا اور فن تعمیر کا اعلیٰ نمونہ بنا دیا۔ انھوں نے یہاں کی زبان و تہذیب میں خود کو ضم کر کے مشترکہ تہذیب کو فروغ دیا۔

پھر جب خلافت کے زمانے میں ترکوں پر مصیبت آن پڑی تو ہندوستانی مسلمانوں نے خلافت تحریک کے ذریعے اپنا تن من دھن سب کچھ نچھاور کر دیا۔ اسی ایثار کا نتیجہ ہے کہ ترک اردو زبان و تہذیب کو دل و جان سے عزیز سمجھتے ہیں اور اسے سیکھنا چاہتے ہیں۔ ایک دوسری وجہ یہ ہے کہ ترکی کی یونیورسٹیز میں اردو میں داخلے کے لیے دوسرے سبجیکٹ کی بہ نسبت کم نمبر درکار ہے۔ چناں چہ بعض طلبا اسی بنیاد پر اردو میں داخلہ لے لیتے ہیں۔ بعض طلبا ہندوستانی فلموں سے متاثر ہو کر یہاں کی زبان سیکھنا چاہتے ہیں۔ بہر حال جو بھی وجہ ہو یہ ایک خوش آئند بات ہے کہ تینوں یونیورسٹیز کے شعبہ اردو میں طلبا کی کمی نہیں ہے۔

ترکی میں بی اے کی تعلیم چار سال پر مشتمل ہے۔ پھر ایم اے دو سال جس میں کسی خاص موضوع پر مقالہ لکھنا ہوتا ہے۔ پھر پی ایچ ڈی کے لیے تحقیقی مقالہ لکھنا ہوتا۔ اس طرح ایم اے اور پی ایچ ڈی ملا کر ترکی میں اب تک اردو کے تقریباً پچاس مقالے مختلف موضوعات پر لکھے جا چکے ہیں۔ سودا، غالب، اقبال، فیض، پروین

شاکر، جدید اردو شاعری، نذیر احمد، سجاد حیدر یلدرم، پریم چند، منٹو، محمد حسین آزاد، ابوالکلام آزاد، اردو افسانہ، اردو ناول، اردو سفر نامے، تزک جہانگیری، دربار اکبری، تزک بابری اور برصغیر پاک و ہند اور ترکی کی تہذیبی و لسانی مماثلتیں وغیرہ موضوعات پر کام ہو چکے ہیں۔ بیشتر موضوعات میں کسی نہ کسی نہج سے ہند و ترک تہذیب کی ہم آہنگی اور جذبہ دوستی کو اجاگر کرنے کی کوشش کی گئی ہے۔ مثلاً 'ہندوستان میں ترک تہذیب کے نشان'، 'سجاد حیدر یلدرم کی افسانہ نگاری'، '۱۸۵۰-۱۹۰۰ میں برصغیر میں رونما ہونے والی فکری تحریکیں'، 'مولانا ابوالکلام آزاد اور الہلال کے تناظر میں ترکی اور ترک' اور 'برصغیر پاک و ہند کی اردو فارسی شاعری میں ترکی اور ترک' وغیرہ۔

مذکورہ موضوعات سے اندازہ ہوتا ہے کہ ترکی میں اردو کی جملہ اصناف پر تحقیقی کام ہو رہے ہیں۔

غرض کہ ترکی میں اردو زبان و ادب کی تاریخ بہت قدیم ہے۔ سو سال سے زائد عرصے سے اردو کی تعلیم و تدریسی ترکی کی یونیورسٹیوں میں دی جا رہی ہے اور اخبارات بھی نکالے گئے۔ ترکی میں اردو کی تعلیم محض ایک زبان کی حیثیت سے نہیں دی جاتی بلکہ اس کے پس منظر میں قدیم ترین دوستی اور جذبہ ایثار کی پوری تاریخ ہے جسے ترک کبھی فراموش نہیں کرنا چاہتے۔ چوں کہ تاریخی، تہذیبی و ثقافتی لحاظ سے ترک اور اہل ہند و پاک ایک دوسرے کے بے حد قریب ہیں اور لسانی اعتبار سے اردو اور ترکی زبانیں ایک دوسرے کے مماثل، نیز رسم الخط کی تبدیلی کے باوجود بے شمار الفاظ، ضرب الامثال اور محاورے مشترک ہیں۔ اسی لیے ترک

برصغیر کو اپنا وطن ثانی اور اردو زبان کو اپنا قدیم اور قیمتی اثاثہ مانتے ہیں۔ یہی وجہ ہے کہ ترکی میں اردو زبان و ادب کے فروغ و امکان میں ترک دانشور کوشاں ہیں۔

***

۴

اردو زبان و ادب پر فارسی زبان و ادب کے اثرات

نصرت امین

یہ بات ہم بحسن و خوبی جانتے ہیں کہ 'اردو زبان کا تعلق دنیا کے سب سے بڑے لسانی خاندان 'ہند یورپی خاندانِ السنہ' کی 'ہند ایرانی شاخ'(Indic/ Indo-Aryan) سے ہے، جو جدید ہند آریائی زبانوں کے خاندان کی کھڑی بولی سے تعلق رکھتی ہے۔اس کا رسم الخط مغربی ہند کی کھڑی بولیوں کے برعکس 'سامی' خاندان سے تعلق رکھنے والی عربی زبان سے ملتا ہے۔'املا نامہ' کے مقدمہ میں صاحبِ مقدمہ لکھتے ہیں :

"اردو ایک ہند آریائی زبان ہے، لیکن اس کا رسم الخط سامی خاندان کی زبان عربی سے ماخوذ ہے۔"

(املا نامہ، مرتب ڈاکٹر گوپی چند نارنگ، مکتبہ جامعہ لمیٹڈ نئی دہلی، ص ۱۳)

قواعد اردو کے مقدمے میں صاحبِ مقدمہ لکھتے ہیں:

"اردو، ہندی نژاد ہے اور قدیم ہندی پراکرت کی آخری اور سب سے شائستہ صورت ہے۔"

(قواعد اردو مرتبہ عبد الحق، مطبوعہ انجمن ترقی اردو (ہند) نئ دہلی ۲۰۱۱، مقدمہ ص۸)

اردو زبان طویل عرصے تک فارسی زبان و ادب اور اس کی تہذیب کے زیرِ اثر رہی ہے۔ اردو زبان پر یہ اثرات آج بھی بخوبی دیکھے جاسکتے ہیں۔ فارسی زبان کے مقابلے میں عربی زبان جو سامی زبانون کے خاندان سے تعلق رکھتی ہے، اس کے بھی اثرات اردو زبان وادب پر پڑے ہیں۔ مرزا خلیل احمد بیگ لکھتے ہیں :

"اردو نے اپنے ارتقا کے دوران کئ زبانوں کے اثرات قبول کیے ہیں، جن میں عربی، فارسی اور ترکی کو خاص اہمیت حاصل ہے۔"

(اردو کی لسانی تشکیل: مرزا خلیل احمد بیگ، ایجوکیشنل بک ہاؤس علی گڑھ ۲۰۱۲، ص۱۹۳)

فارسی زبان چونکہ ہندو ایرانی زبانوں کے خاندان سے ہی تعلق رکھتی ہے اس نسبت سے اردو اور فارسی زبان میں فطری رشتہ قائم ہو جاتا ہے۔ اس کے علاوہ ہندو بیرونِ ہند کی بے شمار زبانوں کے الفاظ و مرکبات اور اصطلاحات بھی اس زبان میں شامل ہیں۔ بلکہ یوں کہنا زیادہ احسن معلوم ہوتا ہے کہ 'اردو زبان نے دیگر زبانوں کے الفاظ و اصطلاحات اور مرکبات کو اس خوش اسلوبی کے ساتھ قبول کیا ہے گویا یہ تمام الفاظ و اصطلاحات اس زبان کی اپنی ہوں'۔ اس زبان نے دوسری زبانوں کے الفاظ و مرکبات اور اصطلاحات کو 'نا' کبھی نہیں کہا۔ غالباً اسی اخذ و

اشتقاق اور اپنا لینے کی بنیاد پر اردو زبان کو مخلوط زبان یا ساجھی وِراثت کی زبان کہا جاتا ہے۔ صاحبِ املانامہ، مقدمہ میں لکھتے ہیں :

"اردو دنیا کی ان چند انتہائی متمول زبانوں میں سے ہے جن کا دامن اخذو استفادے کے اعتبار سے ایک سے زیادہ لسانی خاندانوں سے بندھا ہوا ہے۔ اس کے ذخیرۂ الفاظ کا تقریباً تین چوتھائی حصہ ہند آریائی ماخذ یعنی سنسکرت پراکرتوں اور اپ بھرنشوں سے آیا ہے تو ایک چوتھائی حصہ جو دراصل ہند آریائی گروہ کی زبانوں میں اس کے امتیاز وافتخار کا ضامن ہے، سامی و ایرانی ماخذ یعنی عربی و فارسی زبانوں سے لیا گیا ہے۔"

(املانامہ، مرتب ڈاکٹر گوپی چند نارنگ، مکتبہ جامعہ لمیٹڈ نئ دہلی، ص ۱۳)

اردو کی یہی خصوصیات زبانوں کی سطح پر اسے سیکولر شکل عطا کرتی ہے۔ اردو زبان اور لسانیات کے دیباچے میں گوپی چند نارنگ لکھتے ہیں :

"اردو کا ایک نام سیکولرازم یعنی 'غیر فرقہ واریت' اور 'بقائے باہم' بھی ہے۔ اردو نے صدیوں سے اس کی مثال قائم کی ہے اور ہر طرح کی تنگ نظری اور دقیانوسیت کے خلاف محاذ باندھا ہے۔"

(اردو زبان اور لسانیات: گوپی چند نارنگ، رام پور رضا لائبریری ۲۰۰۶، ص: ۱۱)

یہ بات اپنی جگہ درست ہے کہ اردو زبان نے لسانی، ادبی اور عام بول چال کی سطحوں پر عربی اور فارسی زبانوں کے اثرات قبول کئے ہیں۔ اردو زبان نے عربی کے مقابلے میں فارسی زبان کا رنگ اور ڈھنگ کہیں زیادہ اختیار کیا ہے۔ نیز جہاں تک

عربی رنگ و ماحول کی بات ہے تو وہ بھی بذریعہ فارسی اپنایا ہے۔ اس کی وجہ جگ ظاہر ہے کہ عرب تاجروں کا آنا جانا ہمارے یہاں برسوں سے ہوتا رہا ہے، لیکن یہ آنا جانا بس تجارتی سطح تک محدود رہا ہے۔ اس کے برعکس فارسی زبان بولنے والے ہندستان میں حکومتی سطح تک پہنچے۔ یہ الگ تاریخی بحث ہے کہ یہ لوگ اس ملک میں کس حیثیت سے داخل ہوئے؟ یہاں یہ پہلو دلچسپی سے خالی نہیں ہے کہ انگریزوں نے کم و بیش دو سو سال تک اس ملک پر حکومت کی لیکن انہوں نے کبھی اس ملک کو اپنا وطن تسلیم نہیں کیا جبکہ 'آریوں اور مغلوں' نے اس ملک میں رہائش اختیار کی تو یہیں کے ہو رہے۔

اردو میں دخیل الفاظ

چونکہ اپنی اور پرائی ہر زبان سے استفادہ کرنا اردو کا شیوہ رہا ہے ایسے میں یہ بات قدرے آسانی کے ساتھ سمجھی جا سکتی ہے کہ 'اردو زبان میں مستعار اور دخیل الفاظ کا بڑا ذخیرہ ہے'۔ پروفیسر آل احمد سرور لکھتے ہیں:

"زبان جتنا دوسری زبانوں سے لے گی اتنی ہی سرمایہ دار ہو گی۔"

(خواب باقی ہیں، آل احمد سرور، ایجوکیشن بک ہاؤس یونیورسٹی مارکیٹ، علی گڑھ ۱۹۹۱، ص ۳۳۸)

دخیل الفاظ کی نسبت اردو میں مستعار الفاظ کی تعداد زیادہ ہے۔ ذیل میں چند مثالیں پیش کی جا رہی ہیں: زندگی، زندہ دلی، شادی اور برات، بالٹی، دال وغیرہ۔ یہ سب الفاظ اردو زبان کے ساتھ ہی بول چال میں اس طرح سے گھل مل گئے ہیں کہ آج ان میں فرق کرنا مشکل ہو گیا ہے۔

لسانی سطح پر پڑنے والے اثرات

اردو زبان سنسکرت کی ایک ترقی یافتہ شکل سور سینی اَپ بھرنش پر پڑنے والے مختلف زبانوں کے اثرات کا نتیجہ ہے۔ یہ نتیجہ باہر سے آنے والی ترک، عرب، ازبک، ایرانی اور انگریز قوموں کے مقامی لوگوں سے باہم اختلاط کی وجہ سے ہے۔ چونکہ ہندوستان میں باہر سے آنے والوں میں بیشتر لوگوں کا تعلق عرب، فارس اور ترکی سے تھا۔ جو یہاں کی خوش گوار آب و ہوا کی بنا پر یہیں کے ہو کر رہ گئے۔ حسنِ اتفاق کہ انہیں یہاں حکومت کرنے کا بھی موقع مل گیا، جسے یہ لوگ سیکڑوں برس تک بڑی خوش اسلوبی کے ساتھ چلاتے رہے۔ ان کے حکومتی طریقۂ کار اور عوام سے باہم اختلاط کے اثرات یہاں کے ہر شعبے پر پڑے، جس میں اردو زبان بھی شامل ہے۔ جو مقامی، مضافاتی اور باہر سے آنے والوں کے درمیان رابطے کی بھی زبان تھی لیکن چونکہ حکومت کی زبان فارسی تھی اس لیے مقامی زبانوں جن میں اردو فارسی سے نسبتاً قریب تھی اس پر اس کے اثرات زیادہ مرتب ہوئے ہیں۔

صوتی سطح پر فارسی کے اثرات

اردو کا صوتی نظام اگرچہ مختلف زبانوں سے آئی ہوئی آوازوں کا مجموعہ ہے۔ اردو چوں کہ ایک ہند آریائی زبان ہے اس لیے اس میں خالص ہندی نژاد آوازوں کی تعداد زیادہ ہے، مثلاً ٹ، ڈ، ڑ، بھ، پھ، تھ، دھ۔ لیکن اس کے صوتی نظام پر چار لسانی خاندانوں کے اثرات زیادہ مرتب ہوئے ہیں۔

الف: عربی و فارسی کے اثرات: خ، ز، ف، ق، غ، خالص عربی و فارسی آوازیں ہیں، جو ان زبانوں سے براہِ راست مستعار عمل کے ذریعے اردو میں در آئی

ہیں۔ یہ آوازیں اصل کی رو سے اگرچہ اپنی شناخت یا اپنی آوازیں رکھتی ہیں، لیکن اردو زبان میں ان کی ایک ہی آوازیں ہو گئی ہیں۔ اردو نے ایسا ہندوستانی نہج پر کیا ہے۔ ہاں مدارس میں آج بھی ان حروف کی قرات ان کی اصل آوازوں کے ساتھ کی جاتی ہے۔

ب: ژ، آواز خالص فارسی ہے، جو اس زبان کے مستعار الفاظ کے ذریعے اردو کے صوتی نظام کا ایک حصہ بن گئی ہے۔ یہ آواز صرف فارسی الفاظ مثلاً مژدہ، مژگاں، ژالہ، پژمردہ، اژدہا وغیرہ میں پائی جاتی ہے۔ اب یہ اردو زبان میں بھی مستعمل ہے۔

ج: کوزی آوازیں جیسے ٹ، ڈ، ڑ، وغیرہ خالص دراوڑی آوازیں ہیں جو بالواسطہ طور پر اردو میں مستعار الفاظ کے ذریعے در آئی ہیں۔

و: ہاکاری آوازیں خالص دیسی آوازیں ہیں جو اردو کے صوتی نظام کا بنیادی حصہ ہیں۔

اس کے علاوہ اردو زبان میں بے شمار فارسی کے الفاظ و مرکبات اور اصطلاحات موجود ہیں۔ یہ سب آج بھی اسی روانی کے ساتھ بولے اور سمجھے جاتے ہیں۔ ذیل میں چند الفاظ بطور مثال پیش کیے جا رہے ہیں:

چشم، اشک، نماز، بہشت، برزخ، عدالت، اناج، آب پاشی، آرائش، آداب و تسلیمات، انگشتری، بریانی، مرغ مسلم وغیرہ۔

اردو زبان میں بعض الفاظ اس طرح سے در آئے ہیں کہ وہ حقیقت میں عربی الاصل تھے، لیکن ان پر فارسی زبان کے لاحقے یا سابقے لگا کر انھیں اردو بنا لیا گیا

ہے۔ ذیل میں اس کی مثالیں دیکھیں :

لفظ 'شان' کے معنی بدل کر اس پر فارسی کا لاحقہ لگایا اور شاندار بنالیا گیا۔ اسی طرح لفظ 'نقش' پر خلافِ قاعدہ تائے وحدت لگا کر 'نقشہ کشی، نقش کشی، نقشہ نویس اور نقشہ باز' بنالیا گیا۔

یوں تو اردو کے صوتی نظام پر عربی و فارسی کے علاوہ زبانوں کے بھی اثرات نمایاں ہیں، لیکن یہاں صرف فارسی زبان کے تعلق سے بات کرنا مقصود ہے۔ اس کی ایک مثال یہاں درج کی جاتی ہے۔ جیسے حرف "ژ" جو فارسی زبان سے اردو میں منتقل ہوا ہے۔

صرفی سطح پر اردو زبان پر پڑنے والے اثرات اس طرح ہیں۔ ذیل میں واحد سے جمع بنانے کا قاعدہ دیکھیں:

استاذ سے اساتذہ۔ اخبار سے اخبارات۔ مشکل سے مشکلات۔ تخیل سے تخیلات وغیرہ۔

مرکبات توصیفی، اضافی

مرکبات کے معاملے میں بھی اردو زبان پر فارسی زبان کے اثرات نمایاں ہیں۔ جیسے مردُم شماری، شیر خوار اور گرانقدر وغیرہ۔

اسی طرح نحوی سطح پر جیسے اضافت وغیرہ بھی فارسی سے ہی مستعار ہیں۔ مرکبِ اضافی کی مثالیں جیسے لبِ دریا، زیرِ لب، زیرِ انتظام، دردِ دل، چراغِ محفل، شمعِ محفل اور باغِ عدن وغیرہ۔

اردو کا طرزِ تحریر اور اندازِ کتابت (نستعلیق)

اردو کا طرزِ تحریر اور اندازِ کتابت 'نستعلیق' کہلاتا ہے۔ یہ بھی فارسی زبان سے ماخوذ ہے۔ خواجہ میر علی تبریزی نے 'خطِ نسخ' اور 'تعلیق' کو ملا کر ایک نیا رسمِ خط دریافت کیا جو "نستعلیق کہلایا۔ مرزا خلیل احمد بیگ لکھتے ہیں :

"ایران کے ایک عالم خواجہ میر علی تبریزی نے عربی کے دور سومِ خط 'نسخ' اور' تعلیق' کو ملا کر ایک نیا رسمِ خط ایجاد کیا جو 'نستعلیق' کہلایا۔ اردو کے لیے آج یہی رسمِ مروج ہے اور یہ اردو کا اپنا رسمِ خط بن گیا ہے۔"

(اردو کی لسانی تشکیل: مرزا خلیل احمد بیگ، ایجوکیشنل ہاؤس علی گڑھ ۲۰۱۲، ص ۱۹۶)

اردو ادب پر فارسی کے اثرات

اردو زبان پر فارسی زبان و ادب کے اثرات کس طرح یا کس حد تک پڑے، اس کو قدرے آسانی سے سمجھنے کے لئے ہم اردو ادب کو دو زمروں میں تقسیم کر لیتے ہیں۔ شعری ادب اور نثری ادب۔

شعری ادب: دورِ حاضر کے شاعروں میں یا ماضی قریب کی شاعری میں مغربی یا جدید رجحانات صاف نظر آتے ہیں۔ لیکن اس بات سے کون انکار کر سکتا ہے کہ اردو زبان کا شعری سرمایہ مکمل طور سے فارسی زبان و ادب سے متاثر ہے بلکہ شعری اصناف براہِ راست فارسی سے ہی مستعار ہیں۔ مثال کے طور پر مثنوی، رباعی، قطعہ، قصیدہ وغیرہ۔ اردو میں مرثیہ لکھنے کا رواج فارسی سے ہی آیا ہے۔ فارسی میں مثنوی کی روایت بہت مقبول رہی ہے۔ اردو زبان میں بھی یہ صنف وہیں سے آئی ہے۔ اس کے علاوہ اصول اور موضوعات کی سطح پر بھی فارسی کے اثرات

ملتے ہیں۔ برِّصغیر ہر اعتبار سے خوش نصیب خطہ رہا ہے۔ یہاں ہر طرح کا موسم، ندیاں اور جھرنے اور پہاڑ، چرند و پرند اور درند اور انسانوں میں کالے اور گورے، چپٹی ناک سے لے کر لمبی ناک والے سب کچھ پہلے سے ہی یہاں موجود ہیں۔ بلکہ ندیوں کے معاملے میں تو یہ دنیا کا واحد خطہ ہے جس کی گود میں سب سے زیادہ ندیاں بہتی ہیں۔ ڈاکٹر محمد اقبال نے اس بات کو اس طرح کہا ہے۔

گودی میں کھیلتی ہیں اس کی ہزاروں ندیاں

لیکن یہاں کے شعرا نے اپنے کلام میں 'طوطا، مینا اور کوئل' کی جگہ بلبل و عندلیب کا ذکر کیا ہے۔ مقامی درختوں جیسے 'تاڑ، چنار، نیم، برگد اور لپٹس' کی جگہ سَرو کا ذکر کیا ہے۔ اسی طرح ندیوں کے معاملے میں 'راوی، جہلم، گھاگھرا، سریو' یا دیگر ندیوں کی جگہ نیل و فرات اور دجلہ کا ذکر کیا ہے۔ شاعر نے ہندوستانی پھولوں جیسے 'بیلا، چمپا'، موتیا، گیندا اور رات کی رانی کی جگہ ایرانی پھولوں کا ذکر کیا ہے۔ لاجونت کی جگہ نرگس کا ذکر کرتا ہے۔ کوئل و پپیہے کی جگہ بلبل و قمری کا ذکر کرتا ہے۔ ہمالیہ و ہندوکش کی جگہ طور و کوہِ قاف کا ذکر کرتا ہے۔ عشق و عاشقی کا ذکر کرتا ہے تو لیلیٰ و مجنوں کی بات کرتا ہے۔ اسی طرح اردو شاعروں نے خمریات پر قلم اُٹھایا تو ایرانی شاعر 'عمر خیام' کو اپنا ماخذ و مرجع بنایا۔ اس معاملے میں تو ہندوستان کی دیگر زبانوں نے بھی استفادہ کیا ہے۔ ہندی شاعر 'ہری ونش رائے بچن' کی 'مدھوشالا' اس کی بہترین مثال ہے۔

اس کے علاوہ اردو زبان کے مشاہیر شعرا نے بزبانِ فارسی سخن بھی فرمایا ہے۔ اردو زبان کا شاعرِ اعظم 'مرزا غالب' بقول کسے اپنی اردو شاعری کے مقابلے میں

اپنے فارسی اشعار پر کہیں زیادہ نازاں تھا۔ اپنی فارسی دانی پر بھی اسے کمال درجہ فخر تھا۔ جبکہ یہ عجیب ظُرفہ تماشہ ہے کہ آج اس کا وجود بڑی حد تک اس کی اردو شاعری کی وجہ سے ہے۔ کم از کم اردو زبان و ادب کا مجھ جیسا طالب علم غالب کو ان کے اردو کلام کی وجہ سے ہی جانتا ہے۔

اسی طرح اردو زبان کے ایک اور مشہور شاعر ڈاکٹر محمد اقبال نے تو فارسی کے کئی دیوان چھوڑے ہیں۔ 'اسرارِ خودی' ان کا پہلا فارسی شعری مجموعہ ہے۔ محمد اقبال کو بھی اس بات کا احساس ہو چلا تھا کہ اردو زبان و ادب کے مقابلے میں فارسی زبان و ادب کا دائرۂ کار قدرے وسیع ہے۔ نیز وہ زبان و ادب سے جو کام لینا چاہتے ہیں اس کے لیے یہی فارسی زبان مدد و معاون ثابت ہو سکتی ہے۔ ڈاکٹر 'سید عبد اللہ' اپنے ایک مضمون 'تشریحِ اقبال' میں لکھتے ہیں :

"اقبال کی زبان حکیمانہ اصطلاحوں اور ترکیبوں سے پُر ہے۔ عام خصوصیات کے اعتبار سے اقبال پر حافظ، فگانی، جلال اسیر، سالک یزدی، رضی دانش، ابو طالب کلیم اور طالب آملی وغیرہ کا بڑا اثر ہے۔ لیکن حکیمانہ مضامین کے لیے انھوں نے رومی، خاقانی، بیدل اور طالب کی زبان استعمال کی ہے۔" (آثارِ اقبال ص ۲۶۷)

اردو کے شعری سرمائے میں درج ذیل لفظیات کا استعمال خوب ملتا ہے:

رخِ زیبا، چہرہ یار، قامت زیبا، دراز قامت، دراز گیسو، موجِ تبسم، روبہ قضا، ماہِ نَو، صورتِ طاؤس، چشمہ آتش، چشمِ سوزن، چشمِ آہو، رنگِ یاقوت وغیرہ۔

ایک زمانے تک اردو زبان کا ہر شاعر فارسی میں ضرور کلام موزوں کرتا تھا۔ بلکہ فارسی زبان میں سخن کر کے اپنے شعری کمالات کو پرکھتا تھا۔ سامنے والا بھی اسی

سے اس کی لیاقت کا اندازہ کرتا تھا۔ جس طرح مشاہیر شعرا نے فارسی زبان میں غزلیں کہی ہیں اسی طرح آج بھی لوگ بزبان فارسی کلام موزوں کر رہے ہیں، اگرچہ پہلے کی طرح نہیں۔ بارہا کہا جاتا ہے کہ اردو زبان و ادب کو سمجھنے نیز کلاسیکی ورثے کی سُن گُن کے لیے ناگزیر ہے کہ فارسی زبان و ادب سے واقفیت حاصل کی جائے۔ اس میں کوئی شک بھی نہیں ہے۔ چونکہ اردو زبان و ادب کا بیشتر سرمایہ عربی و فارسی سے مستعار ہے اس لیے اردو الفاظ اور جملوں کی درست قرأت کے لیے ان زبانوں کا جاننا ضروری ہے۔

نثری ادب:

شعری سرمائے کے مقابلے میں اردو کا نثری سرمایا اول روز سے ہی مغربی ادب سے متاثر رہا ہے۔ فورٹ ولیم کالج، ورناکولر سوسائٹی، علی گڑھ تحریک، انجمنِ پنجاب کی تحریک اور دہلی کالج سے لیکر مختلف دبستانوں تک مغربی زبان و ادب کے اثرات جابجا نظر آتے ہیں لیکن یہاں بھی فارسی زبان و ادب کے اثرات موجود ہیں۔ میر امّن کے تراجم اس کی مثال ہیں۔ دکنی نثرپاروں میں بھی فارسی کے اثرات پائے جاتے ہیں۔ صوفیائے کرام کی تحریریں اس ضمن میں پیش کی جاسکتی ہیں۔ اس لیے کلی طور پر فارسی کے اثرات سے انکار نہیں کیا جاسکتا ہے۔ اردو زبان کا نمائندہ شاعر میر تقی میر جنھیں اردو شاعری کا خدائے سخن بھی کہا جاتا ہے۔ انھوں نے مختلف شاعروں کی سوانح حیات کو 'بزبانِ فارسی' ترتیب دیا۔ اس سے اس زبان کی مقبولیت اور رواج کا بھی اندازہ لگایا جاسکتا ہے۔

عام بول چال:

عام بول چال میں بھی فارسی زبان کی لفظیات کا استعمال بڑی روانی کے ساتھ کیا جاتا ہے۔ بول چال کے کئی ایسے الفاظ ہیں جنھیں فارسی لاحقے اور سابقے یا اس کے بغیر بھی عام بول چال میں استعمال کیا جاتا ہے۔ ذیل میں چند مثالیں دیکھیں:

بہشت، نماز، پنج سورہ، پنج تن، مشت، ہفتہ، دوشنبہ، بریانی، دستر خوان، باورچی خانہ، غسل خانہ، نعمت خانہ، میز پوش، سفید پوش، پان دان، سُرمہ دانی، صراحی، بُت، سخن، دندان، ابرو، عارض، گیسو، نماز پنجگانہ، جائے نماز، نیم جان، نیم گرم، نیم حکیم، نابینا، پر نور وغیرہ۔ اسی طرح بے شمار ایسے الفاظ ہیں جو فارسی کی نسبت سے اردو زبان میں داخل ہوئے ہیں۔ مذکورہ بالا الفاظ اردو زبان میں اس طرح رائج ہیں جیسے اس کے اپنے ہوں۔ ان لفظیات کو ایک عام آدمی بھی بڑی خوبی کے ساتھ بولتا اور سمجھتا ہے۔

ہم کہہ سکتے ہیں کہ اردو کے شعری اور نثری سرمائے کے ساتھ ہی عام بول چال پر بھی فارسی زبان و ادب کے گہرے اثرات ہیں۔ ظاہر سی بات ہے کہ تین چار سو سالوں تک عظیم ہندوستان پر فارسی سرکاری زبان کے طور پر رائج رہی ہے۔ نیز پورا خطہ اس کی تہذیب و تمدن کے زیرِ اثر رہا ہے۔ مغلیہ سلطنت کی یہ سرکاری زبان تھی۔ اس کے علاوہ برِ صغیر کے مسلمانوں نے مذہبی عقیدے کے طور پر عربی زبان کے بعد اسی زبان کو اپنایا۔ ہندوستان کے طول و عرض میں بالخصوص مدارسِ اسلامیہ میں فارسی زبان کی باضابطہ تعلیم و تدریس آج بھی ہوتی ہے۔ سعدی کی گلستاں و بوستاں اور گلزارِ دبستاں کئی نسلوں نے پڑھی ہے۔ یہ کتابیں آج بھی بعض مدارس کے نصاب میں شامل ہیں۔ عدلیہ اور دیگر سرکاری و غیر سرکاری محکموں میں

آج بھی فارسی کی بے شمار لفظیات کا استعمال ہوتا ہے۔ مثال کے طور پر فردِ جرم، موقعۂ واردات، عدالت، دفعات، وکیل اور عدالتی حکم نامہ وغیرہ۔

ایسے میں یہ کیسے ممکن ہو سکتا ہے کہ یہاں کی زبان اور یہاں کے ادب پر فارسی زبان کے اثرات نہ پڑے ہوں۔ بلکہ حقیقت تو یہ ہے کہ اردو زبان ہی نہیں دیگر علاقائی زبانوں کے ساتھ ہی یہاں کی طرزِ معاشرت پر بھی فارسی تہذیب و تمدن کے اثرات پڑے ہیں۔ فارسی زبان نے اس وقت اپنے سامنے اردو ہی نہیں، بلکہ کسی بھی زبان کو پنپنے نہیں دیا۔ حد تو یہ ہے کہ 'عربی زبان' جو یہاں پہلے سے موجود مسلمانوں میں مذہبی اعتبار سے مقبول تھی اور فارسی بولنے والے مغل حکمرانوں کی بھی مذہبی زبان تھی نیز فارسی زبان بھی اس کے گہرے اثرات نمایاں ہیں، اسے بھی نہیں پنپنے دیا۔

***

۵

اردو فکشن پر بہار کے علاقائی اور تہذیبی اثرات

شہاب ظفر اعظمی

اردو تنقید کی روایت ہمیں بتاتی ہے کہ ادب کے لیے کوئی موضوع نہ پرانا ہوتا ہے اور نہ مقامی۔ ہر موضوع اپنے برتاؤ کے اعتبار سے نیا اور ہر مسئلہ اپنی اہمیت کے لحاظ سے عالمی ہو سکتا ہے۔ لیکن اکائی کی صورت میں کسی خاص علاقے کی اپنی تہذیبی و ثقافتی شناخت ہوتی ہے۔ اس کے اپنے مسائل ہوتے ہیں جن کے تار وہاں بسنے والے ہر فرد کی سانسوں کے تار سے ہم آہنگ ہوتے ہیں۔ زمانۂ قدیم سے صوبہ بہار تہذیب و تمدن، عظیم ثقافتی وراثت، علوم و فنون اور عرفان و آگہی کا سرچشمہ رہا ہے۔ بدھ، سیتا اور شرف الدین یحییٰ منیری کی یہ دھرتی جہاں عالم انسانیت کو امن و عدم تشدد کا پیغام دیتی رہی، وہیں یہاں کے باشندے غربت، افلاس، بھیک، بے روزگاری، بیماری، جہالت اور توہم پرستی کی دھند میں گم اپنے وجود کی تلاش میں سرگرداں رہے۔ یہ دلچسپ اور متضاد صورت حال اردو

ادیبوں بالخصوص فکشن نگاروں کے لیے موضوع و مواد کی فراہمی کا اہم ترین ذریعہ رہی ہے۔ اردو کی پہلی خاتون ناول نگار 'رشیدۃ النسا' ہوں یا جدید دور میں اردو ناول کو نشاۃ ثانیہ سے ہم کنار کرنے والے سہیل عظیم آبادی، عبدالصمد، غضنفر اور ذوقی۔ ان سب کی تحریروں میں بہار کے معاشرتی، تہذیبی اور ثقافتی امتیازات کو بہ آسانی محسوس کیا جاسکتا ہے۔ زبان و بیان، انداز رہائش، طرز معاشرت، رسوم ورواج اور مسائل کے اعتبار سے بہار ملک کے دوسرے صوبوں سے بہت حد تک الگ دکھائی دیتا ہے جسے آزادی کے بعد سے آج تک ہر سروے میں ایک پسماندہ اور پچھڑا ہوا صوبہ بتایا گیا ہے۔

معاشی اور تعلیمی پسماندگی نے اسے ایسے مسائل سے دوچار کیا ہے جو اکیسویں صدی کی ترقی یافتہ دنیا میں بھی اسے حیرت انگیز طور پر چھوڑنے کو تیار نہیں ہیں۔ اردو فکشن نگاروں نے جن میں اکثریت کا تعلق اِسی پسماندہ صوبے سے رہا ہے، بہار کے مسائل پر کہانیاں لکھتے ہوئے یہاں کی معاشرتی، تہذیبی اور علاقائی خصوصیات کو مد نظر رکھا ہے۔ آزادی سے قبل رشیدۃ النسا اپنے ناول 'اصلاح النسا' اور شاد عظیم آبادی اپنے ناول 'ولایتی کی آپ بیتی' میں بہار کی تہذیبی اور معاشرتی تصویریں اگرچہ بڑی تفصیل سے پیش کرچکے تھے مگر آزادی کے بعد سہیل عظیم آبادی، اختر اورینوی، شین مظفر پوری وغیرہ کے ذریعے جس طرح سے مقامی مسائل و موضوعات پر کہانیاں لکھی گئیں اُن میں بہار کے ثقافتی اور تہذیبی شیڈس زیادہ تنوع اور رنگارنگی کے ساتھ پائے جاتے ہیں۔ مثلاً سہیل عظیم آبادی کے ناولٹ 'بے جڑ کے پودے' یا افسانوی مجموعوں 'الاؤ' اور 'چار چہرے' کو نگاہ میں

رکھیے۔ الاؤ اور چار چہرے کے متعدد افسانوں میں سہیل عظیم آبادی نے بہار کے گاؤں کے سیدھے سادے ماحول اور کرداروں کو نہایت چابکدستی سے پیش کیا ہے۔

اُن کے شاہکار افسانے 'الاؤ' کی ساری فضا، اس کا نقطۂ عروج اور انجام ایک الاؤ سے مشابہ ہے۔ گاؤں کے سیدھے سادے کسان، ہندو اور مسلمان زمیندار اور پٹواری کے ظلم اور ان کی گھناؤنی سازشوں سے تنگ آچکے ہیں۔ وہ الاؤ کے گرد بیٹھ کر اس سے نجات کی تدبیر سوچتے ہیں۔ لیکن دھیرے دھیرے الاؤ ٹھنڈا ہو جاتا ہے اور ان کی قوت مقاومت بھی دم توڑ دیتی ہے۔ سہیل نے اس افسانے میں بغیر کسی اخلاقی اپدیش یا رنگ آمیزی کے بہار کے گاؤں کے دکھ سکھ کی کہانی بیان کی ہے۔ گاؤں کی فضا اور ماحول میں جو حقیقت نگاری کی گئی ہے وہ اسے ایسا دائمی رنگ دے دیتی ہے کہ آج بھی وہ رنگ بہار کے گاؤں میں دکھائی دیتا ہے۔ ناولٹ 'بے جڑ کے پودے' میں اگرچہ شہر رانچی اور عیسائی مشنری کی فضا ہے مگر وہاں بھی سہیل نے ایسی ٹوپوگرافی کی ہے کہ نہ صرف چھوٹا ناگپور کی تہذیب بلکہ عیسائی طبقے کی معاشرت اور ان کی تہذیب و ثقافت کے متعدد پہلو سامنے آجاتے ہیں۔ چرچ کا میدان، ڈورمیٹری، مشن کا یتیم خانہ، مشن کمپاؤنڈ، عیسائیوں کی تہذیبی و تمدنی زندگی، چرچ اور کمیونٹی کے مسائل، عیسائی مذہب کی تبلیغ واشاعت، رومن کیتھولک فیملی اور عیسائی کردار صوبہ بہار میں رچے بسے ایک مخصوص طبقے کی سائیکی، زندگی اور تہذیب کی خوبصورت عکاسی کرتے ہیں۔

سہیل عظیم آبادی کی طرح ہی اختر اورینوی نے بھی اپنے افسانوں اور بالخصوص ناول 'حسرت تعمیر' میں آدی باسیوں کی زندگی اور چھوٹا ناگپور کی ٹوپوگرافی

کر کے ایک خاص معاشرت سے اردو فکشن کو آشنا کیا ہے۔ چھوٹا ناگپور مشترکہ بہار کا ایک سرسبز وشاداب حصہ ہے جہاں فطرت حسین مناظر، خوبصورت جھرنے، سرسبز پہاڑیاں قدرتی حسن کا لاجواب نمونہ پیش کرتی ہیں۔ اختر اورینوی نے وہاں کے قدرتی حسن کے ساتھ آدی باسیوں کی قبائلی تہذیب، ان کی غربت و افلاس، رسم و رواج، رہن سہن اور پسماندگی کو بھی نمایاں کرنے کی کوشش کی ہے۔ یہ کہا جائے تو غلط نہ ہو گا کہ وہاں کی تہذیب و ثقافت کی تصویر کشی کے لیے جزئیات کی جو تفصیل پیش کی گئی ہے وہ اردو کے کسی دوسرے ناول میں نہیں ملتی۔

حسرت تعمیر کی دوسری خوبی یہ ہے کہ یہ اپنے اندر اپنے عہد کی بہت سی دھاراؤں، رجحانوں اور تحریکوں کو سمیٹے ہوئے ہے۔ اس میں جہاں روس اور چین کے انقلاب اور مسولینی کے زوال کے تذکرے ہیں وہیں بھارت چھوڑو تحریک کے لوازمات، چرخہ اور کھدر کی بحث، گاندھی جی کا نقطۂ نظر، انگریزوں کے اکھڑتے قدم، ان کی سازشیں اور تقسیم ہند کی باتیں بڑے حقیقی اور فطری انداز میں پیش کی گئی ہیں۔

اختر اورینوی کی اہلیہ شکیلہ اختر کا نام بھی اس سلسلے میں اہم ہے کہ ان کا پورا افسانوی کینوس بہار اور اس کے تہذیبی اور ثقافتی منظرنامے پر محیط ہے۔ 'بہار' کو مرکز میں رکھ کر شکیلہ نے جتنے افسانے تحریر کیے ہیں کسی اور افسانہ نگار نے نہیں کیے۔ ان کا سب سے مشہور افسانہ 'ڈائن' ہی اگر غور سے پڑھا جائے تو یہ اپنے دور کے کئی مسائل اور معاملات سموئے ہوئے ہے۔ صوبہ بہار ایک پسماندہ اور پچھڑے علاقے کے طور پر جانا جاتا رہا ہے، جہاں تعلیمی پسماندگی نے توہم

پرستی، ضعیف الاعتقادی، دوچہرگی، غربت و افلاس اور طبقاتی کشمکش جیسی برائیوں کو سماجی زندگی کا حصہ بنا دیا ہے۔اِس کہانی کی نائکہ ایک بوڑھی عورت اور نہایت کریہہ شکل و صورت والی مچھوائن ہے جس کا پختہ رنگ اسے مزید خوفناک بنا دیتا ہے۔بڑھیا اپنی دیورانی کے کہنے پر ایک دن گاؤں کے رئیس کے گھر صبح صبح اُسے بقایا پیسے مانگنے آدھمکتی ہے۔حویلی کی مالکن کا چند ماہ قبل انتقال ہو چکا ہے۔گھر کی بیٹیوں کو اس حساب کتاب کا علم نہیں، لہٰذا وہ اسے نہ صرف دھتکار دیتی ہیں بلکہ اس پر پیسہ اینٹھنے کا الزام بھی عائد کر دیتی ہیں۔اسی درمیان گھر کی نوکرانیاں یہ انکشاف کرتی ہیں کہ یہ عورت ڈائن ہے اور ابھی تک نہ جانے کتنے لوگوں کا کلیجہ بھون کر کھا چکی ہے۔دوسری جانب بڑھیا ان سب سے بے پروا مسلسل اپنی فریاد رکھے جا رہی تھی:

"بی بی مچھلی کے دام۔دام باکی ہے۔اوہی لا ایلی ہے۔اِگارہ آنہ پیسہ اور پہیلے کے سوا گو روپیہ"

بالآخر اس کی دیورانی کو بلایا جاتا ہے جو بتاتی ہے کہ بڑی مالکن نے چند ماہ قبل پٹنہ جانے سے پہلے ڈیڑھ سیر مچھلی خریدی تھی اور عجلت میں پیسے نہ دے سکی تھی۔ اس کی تصدیق گھر کی ملازمہ کھلائی بوا بھی کرتی ہیں۔اس پورے تماشے کے بعد گھر کی عورتیں سوا روپیہ بڑھیا کے آگے پھینکتے ہوئے قصہ ختم کرنے کی بات کہتی ہیں۔لیکن اُس بڑھیا کو جیسے ہی یہ علم ہوتا ہے کہ بقایا بڑی مالکن کے ہاتھوں کا ہے، فوراً پیسہ واپس کر دیتی ہے اور لاکھ کوششوں کے باوجود واپس نہیں لیتی۔اُسی کے الفاظ سنیے:

"نا بیٹی نا۔ ہائے اب دوسر کے ہاتھ سے ان کر با کی پیسہ نا تو لیب اور نا لیوے دیب۔ ہائے ہمر مالکینی تو ہمر مائی باپ تھے لا۔ ای سوا گو روپیہ سے دن نا کٹ جائی"

خاص بہار کی دیہی معاشرت کی عکاسی کرتا یہ افسانہ نصف صدی کے بعد بھی اپنی معنویت کے اعتبار سے تر و تازہ ہے کیوں کہ ڈائن نام دینا، کلیجہ بھون کر کھانے کا الزام لگانا، ایک خاص طرز کی زبان بولنا اور طبقاتی تفریق جیسے عناصر آج بھی بہار کے دیہی سماج کا حصہ ہیں۔ بہار کے ایسے بہت سارے مسائل پر شکیلہ اختر نے خاص بہاری اسلوب اور بہاری پس منظر میں افسانے لکھے ہیں جنھیں ایک دن، نفرت، دھندلکا، موسی اور شاید جیسی کہانیوں میں بہت واضح طور پر دیکھا جاسکتا ہے۔ نوجوان ناقد ڈاکٹر ابو بکر رضوی نے تو یہاں تک لکھ دیا ہے کہ "جس نے شکیلہ اختر کے افسانے نہیں پڑھے اس نے بہار نہیں دیکھا۔"

ذات پات، طبقاتی کشمکش اور چھوا چھوت جیسی سماجی برائیوں کی جڑیں بہار میں گہری پیوست ہیں۔ اس مسئلے پر شکیلہ اختر، شین مظفرپوری، ذکی انور سے موجودہ عہد کے عبدالصمد، صغیر رحمانی، غضنفر اور احمد صغیر تک مسلسل کہانیاں لکھتے رہے ہیں۔ میں یہاں مثال کے طور پر صرف شین مظفرپوری کے ایک افسانے 'کسی سے کہنا نہیں' کا ذکر کرنا چاہتا ہوں۔

یہ افسانہ 'بہار' کے موجودہ سماج کی ایک تلخ حقیقت کی بھرپور عکاسی کرتا ہے اور یہ حقیقت بہار کی زمین میں اس قدر مضبوط جڑیں پیوست کر چکی ہے کہ ہندوؤں ہی نہیں مسلمانوں میں بھی ذات پات کی تفریق نے پاؤں پسار لیے ہیں۔ شین مظفر پوری جو زمینی سچائیوں سے باخبر تھے انھوں نے بہاری معاشرے میں موجود اس

برائی پر کھل کر اظہار کیا ہے۔

شکیلہ اختر کی طرح ہی شین مظفرپوری نے بھی اپنے افسانوں میں بہار کی معاشرت اور تہذیب کو کھل کر برتا ہے۔ اسی لیے بہار کی سماجی زندگی میں پھیلی ہوئی بہت ساری برائیاں ان کے افسانوں کے موضوعات ہیں۔ مثلاً حلالہ، طلاق، عقد بیوگاں پر افسانہ 'حلالہ'، جہیز کے موضوع پر افسانہ 'جہیز'، کثرت ازدواج پر 'سکنڈ ہینڈ وائف'، کثرت اولاد پر 'بھگوان کی اِچھا' ملاوٹ اور کالابازاری پر 'ثبوت' جیسے افسانے بہار کو زندہ تصویروں کی شکل میں ہمارے سامنے پیش کرنے کی قوت رکھتے ہیں۔

تعلیم ہر معاشرے کا ایک اہم جزو ہے جو اُس معاشرے کی تہذیبی، ثقافتی اور دانشورانہ پہلوؤں کی عکاسی کرتی ہے۔ بہار کے تعلیمی نظام اور صورت حال کو موضوع بنا کر کئی افسانوں اور ناولوں میں گفتگو کی گئی ہے مگر خصوصی طور پر دو ناول ایسے لکھے گئے ہیں جن کا موضوع ہی بہار کا تعلیمی نظام ہے۔ بولو مت چپ رہو از حسین الحق اور مہاتما از عبد الصمد۔

حسین الحق کے ذریعے 'بولو مت چپ رہو' میں پرائمری و مڈل اسکول کی تعلیم اور سکنڈری لیول پر ایجوکیشن افسران کی نوکر شاہی سے بہار میں تعلیمی بد نظمی اور تعفن زدہ تعلیمی نظام کو اکسپوز کیا گیا ہے جو بڑی حد تک حقیقت پر مبنی ہے۔ اس لیے اس ناول کو ہم بہاری سماج کا آئینہ یا سماج کا نقیب کہہ سکتے ہیں۔ پہلے اچھا عہدہ پانے کے لیے علمی صلاحیت اور قابلیت کی شرط تھی اور بعد میں پیسے کی ضرورت پڑی اور اب کسی محکمے میں کام کرانے کے لیے یا جگہ پانے کے لیے نہ علمی صلاحیت

کی ضرورت ہے اور نہ قابلیت کی۔ کچھ دنوں تک پیسے کی ضرورت پڑی۔ پھر پیسے کے ساتھ سفارش کی اور اب جب سے ذات پات کی لعنت آئی تو اس شخص کی سفارش چاہیے جس ذات کا حاکم ہو۔ گویا تعلیمی نظام کے بہانے ناول نگار نے بہار میں کرپشن، رشوت خوری، اقربا پروری اور تعلیمی زبوں حالی کی ایسی تصویر پیش کی ہے کہ اس میں ہمارا پورا سماج برہنہ نظر آتا ہے۔

عبد الصمد کا ناول 'مہاتما' بہار میں اعلیٰ تعلیم کی صورت حال کا عکاس ہے۔ انھوں نے دکھایا ہے کہ بہار میں اعلیٰ تعلیم اقتدار پرستوں، تجارتی ذہن رکھنے والوں کے ہاتھ کا کھلونا بن گئی ہے۔ اس صورت حال کا ذمے دار کون ہے؟ سیاستداں، والدین یا خود اساتذہ؟ ناول اس تشویشناک صورت حال کا کوئی حل پیش نہیں کرتا بلکہ اس کی بھرپور ترجمانی کرتا ہے اور مسئلے کی شدت کا احساس دلات اورا ذہنوں پر ایک سوالیہ نشان ثبت کرتا ہے۔ ناول کا عنوان 'مہاتما' بے ایمان، ضمیر فروش، گھناؤنے کردار کے حامل اساتذہ کے لیے طنز کے طور پر استعمال کیا گیا ہے۔

بہار میں فرقہ وارانہ فسادات یہاں کے سماجی اسٹرکچر کو وقتاً فوقتاً مجروح کرتے رہے ہیں۔ یہ بہار کی معاشرت اور تہذیب پر اثرانداز ہوئے ہیں۔ بہار سے تعلق رکھنے والے اکثر فکشن نگاروں نے اس موضوع پر اپنے کرب کا اظہار کیا ہے۔ شکیلہ اختر، شین مظفرپوری، سہیل عظیم آبادی ہوں یا دور حاضر کے عبد الصمد، ذوقی اور حسین الحق۔ سب نے اپنے افسانوں اور ناولوں میں مشترکہ تہذیب کو تار تار کرنے والے ایسے فسادات اور ان کے پس پشت کارفرما عناصر کو اظہار کا حصہ

بنایا ہے۔

عبد الصمد کا ناول 'مہاساگر' ذوقی کا 'بیان' کوثر مظہری کا 'آنکھ جو سوچتی ہے' علی امجد کا 'کالی ماٹی' اور محمد علیم کا 'میرے نالوں کی گمشدہ آواز' اس سلسلے کی اہم کڑیاں ہیں۔ بالخصوص آنکھ جو سوچتی ہے، اور میرے نالوں کی گمشدہ آواز، مکمل طور پر بہار کے دو شہروں کے فسادات پر مبنی ہیں۔ 'آنکھ جو سوچتی ہے' ہر چند کہ بہار کے شہر سیتامڑھی میں برپا ہندو مسلم فساد اور فرقہ وارانہ منافرت کے پس منظر میں لکھا گیا ہے مگر فکری طور پر ایسے سوالات اٹھاتا ہے کہ فساد کا مسئلہ پورے عالم انسانیت کا مسئلہ بن جاتا ہے۔ دنیا کی ہر بڑی طاقت کمزور طاقت کو روند رہی ہے، حیوانیت کا ننگا ناچ عروج پر ہے۔ بہار جیسے صوبے کا عام سچا اور سیدھا سادا نوجوان انتشار اور کساد بازاری کے کنارے بدلتی زندگی کو دیکھ کھڑا سسک رہا ہے۔ کوثر نے فسادات کی تفصیلات اور مناظر بڑی محنت اور خوش اسلوبی سے پیش کیے ہیں جو حواس پر چھا جانے کی صلاحیت رکھتے ہیں۔

محمد علیم کا ناول 'میرے نالوں کی گمشدہ آواز' اِسی موضوع پر نسبتاً بڑے کینوس پر لکھا گیا ہے۔ کہانی بہار کے ایک شہر سے شروع ہوتی ہے مگر اس کا دائرہ اتنا وسیع ہو جاتا ہے کہ وہ پورے ہندستان پر منطبق ہو جاتی ہے۔ یہ ناول زندگی کا احتجاج ہے، ظلم بربریت اور خوف کے خلاف ایک مسلسل جدوجہد کی آواز ہے۔ ناول کا دوسرا پہلو بہار کی معاشرت، گاؤں کی زندگی اور بہاری باشندوں کی نفسیاتی پیش کش ہے۔ ان کا مشاہدہ ہے کہ بہار میں تعلیمی پسماندگی اور معاشی بدحالی حد درجہ ہے۔ خاص کر مسلمانوں کے یہاں تو اس کا فیصد صفر کے برابر ہے۔ یہ پسماندگی نہ صرف

ان کے اجتماعی مسائل کو ہوا دیتی ہے بلکہ انھیں استحصال کا شکار بھی بناتی ہے۔ یہ طبقہ کھانے پینے اور کھیتوں میں مزدوری کو ہی زندگی کا اولین مقصد سمجھتا ہے۔ یہ پسماندہ طبقہ بدلتی زندگی اور انقلاب سے دوچار سماج سے ہم آہنگ نہیں ہو پاتا تو خود کو مختلف برادریوں، بولیوں، مسلکوں اور رسموں میں محبوس کر کے مذہب اور تہذیب و ثقافت کی گمشدگی کا رونا روتا ہے۔

آخر میں مشترکہ بہار کے تین ناولوں کا ذکر ناگزیر سمجھتا ہوں جو مکمل طور پر علاقائی تہذیب و ثقافت کی نمائندگی کرتے ہیں۔ اول 'فائر ایریا' دوم 'تخم خوں' اور سوم 'کالی ماٹی'۔ 'کالی ماٹی' علی امجد کا ناول ہے جس میں انھوں نے صنعتی شہر جمشید پور کے کارخانے اور اس سے متعلق افراد کی زندگی کو موضوع بنایا ہے۔ کارخانے میں مختلف جگہوں سے آکر بسنے والے افراد سے کام کرتے ہیں اس لیے فرقہ واریت، طبقاتی کشمکش اور مختلف تہذیبی و ثقافتی اقدار کے نقوش اس ناول میں نظر آتے ہیں۔ ناول سے پہلے علی امجد کی پیش کردہ تحریر کا یہ حصہ دیکھیے جس سے موضوع کی ثقافتی و تہذیبی اہمیت کا اندازہ ہو پائے گا:

"اِس شہر کے ارد گرد سیکڑوں میل میں آدی باسی، سنتھال، ہو، منڈاری، لوہے میگنیز تانبے اور سونے کی زمین میں دفن خزانوں کے امین اب بنگالی، بہاری، اڑیہ، مدراسی، پنجابی، پٹھان، ہندو اور مسلمانوں کے ساتھ جمع ہو کر ایک نئے معاشرے کا تانا بانا بن رہے ہیں۔ اپنی محبتوں، اپنی نفرتوں، اپنی علاحدہ علاحدہ انفرادی اور اجتماعی پہچان اپنے ساتھ لیے قدیم قبائلی نظام سے براہ راست صدیوں کی جست لگا کر بیسویں صدی میں صنعتی زندگی کی گھما گھمی اور افراتفری میں

کھوئے ہیں۔"

(ایک قرض ماضی کا)

یہ ایک ایسے مخلوط معاشرے کی کہانی ہے جس میں مختلف مذاہب اور مختلف زبان کے لوگ محبت اور محنت کے بل بوتے پر خوشی اور غم بانٹتے ہیں اور شہر آہن کو ایک منفرد تہذیبی و ثقافتی شناخت عطا کرتے ہیں۔

الیاس احمد گدی کا ناول 'فائر ایریا' بھی ایک ایسے ہی کارخانے کو مرکز میں رکھ کر لکھا گیا ہے مگر 'کالی ماٹی' کے مقابلے میں زبان وبیان، علاقائی تہذیب اور موضوع کے لحاظ سے زیادہ ہمہ گیر اور حقیقت پسندانہ ہے۔ کوئلے کے کارخانے میں کام کرنے والے مزدوروں، اس سے وابستہ ٹھیکے داروں، سیاست دانوں اور غنڈے بدمعاشوں کی زندگی اور ان کے اعمال کے علاوہ آدی باسیوں، پسماندہ طبقوں اور بہار کے مختلف شہروں سے کام کی تلاش میں آئے غریبوں کے استحصال کا قصہ الیاس احمد گدی نے بڑی سچائی کے ساتھ ناول کی شکل میں پیش کر دیا ہے۔

'فائر ایریا' کا محور جس صنعتی و سرمایہ دارانہ نظام پر مبنی ہے وہاں کے مزدور منظم سیکٹر کے زمرے میں آتے ہیں اس لیے ٹریڈ یونینزم ان کی زندگی کا اٹوٹ حصہ ہے۔ ناول کا یہ پہلو ایسا ہے جو اب تک کہیں پیش نہیں ہوا تھا۔ الیاس احمد گدی نے ٹریڈ یونین کی سیاست کی مختلف شکلیں، اس کے مختلف رُخ اور اس کے زندگی و سماج پر اثرات کو بڑی مہارت سے پیش کیا ہے۔ اس پیش کش میں انھوں نے کرداروں کی تشکیل، پلاٹ کی بنت اور زبان وبیان کو پوری طرح بہار کے مختلف علاقوں سے ہم آہنگ رکھا ہے۔ چونکہ ناول کے کردار آرہ، چھپرہ، بلیلا، دربھنگہ، مگدھ، متھلا

اور بھوجپور جیسے علاقوں سے تعلق رکھتے ہیں، ناول نگار نے نہ صرف ان کے عادات واطوار، طرز رہائش میں فرق دکھایا ہے بلکہ ان کی زبان، لب ولہجے اور محاورات میں بھی حقیقی رنگ پیدا کرنے کی کوشش کی ہے۔ صاف ظاہر ہو جاتا ہے کہ فائر ایریا کی تخلیق وہ شخص کر رہا ہے جو بہار کے جغرافیائی حدود، زبان، ماحول اور کلچر سے بخوبی واقف ہے۔ علاقائی زبان کی چند مثالیں دیکھیے:

"سنلا ہو دلری کے مائی اب تو املی کے پیڑ میں آم لاگی"

دوسری بولی۔ "ہاں بہن نالی میں گنگا بہے لاگل ای کلجگ ما" (ص ۲۸)

"میاں کے گھر کا بھات بھکوس کر واپس ہوا تو من ایک دم ہلکا ہو چکا تھا" (۹۳)

"چار اکشر کیا پڑھا دیے کہ ایکدم سے پنڈت ہو گئے مطلب یہ کہ گرو گڑ رہ گیا اور چیلا چینی ہو گیا۔" (ص ۷۹)

"کاہو کولیری میں کام کرے کے من با کہ نا؟ کول وری کے گینتا جھوری تک ہم کو پہچانتا ہے کتنا دن ہو گئیل ہو؟ جب کچھ نیکھے جانت تو او جھنری کے بھائی سنگ دوستی کیسے ہو گئیل۔" (ص ۴۸)

ایسے مخصوص علاقائی الفاظ اور محاورے کثرت سے استعمال ہوئے ہیں جو مخصوص معاشرے کی نشاندہی کرتے ہیں۔ دونا، ماں للوری، بھات، چوکھا، جھورا، پوکھر، گمٹی، کامِن، ملکٹا، گانٹھ کا پورا، دیہہ جرا کے پوت، ڈھبری، بھکوسنی، بترو، منہ جھونسا، مہارو وغیرہ بہت سے الفاظ وتراکیب ہیں جن کا مطلب سیاق وسباق سے ہی سمجھا جا سکتا ہے۔ یہ الفاظ مکمل طور پر بہار کے مختلف علاقوں کی زبان اور تہذیب کی نمائندگی کرتے ہیں۔

صوبہ بہار کا ایک بڑا حصہ طبقاتی جنگ یعنی دلت اور اعلیٰ ذات کی سماجی جنگ لڑتا رہا ہے۔ گذشتہ تین چار دہائیوں میں اس جنگ نے صورت حال خاصی حد تک بدل دی ہے۔ بہار میں 'دلت تحریک' اور دلت صورت حال کو مد نظر رکھ کر یوں تو سبھی فکشن نگاروں نے لکھا ہے مگر جن لوگوں نے اس پر زیادہ لکھا ہے ان میں جابر حسین، غضنفر، احمد صغیر اور صغیر رحمانی کے نام قابل ذکر ہیں۔ جابر حسین کی ڈائری 'سن اے کاتب' میں اکثر واقعات بہار کی دلت آبادی اور اس کے درد و کرب کی عکاسی کرتے ہیں۔ مالن مائی، کلوا کہار، رام سینہی، گاڑھو رام، رام روپ، مرنی، مالتی، جمنانائی، شانتی دیوی وغیرہ ایسے کردار ہیں جو بہار کی اُس معاشرتی سطح کو اجاگر کرتے ہیں جس پر ہماری نگاہ بھی نہیں جاتی۔

احمد صغیر نے بھی دلتوں کے ساتھ ہونے والے اشرافیہ طبقات کے سوتیلے سلوک کو شدت سے محسوس کیا ہے اس لیے اردو میں شاید پہلا ایسا مجموعہ انھوں نے پیش کر دیا جو مکمل طور پر دلت کہانیوں پر مشتمل ہے۔ احمد صغیر کی نگاہ میں بہار کے مگدھ، بھوجپور، متھلا وغیرہ کے علاقے رہے ہیں جہاں یہ تفریق نسبتاً زیادہ نظر آتی ہے۔

مکمل طور پر دلت مسائل کو موضوع بنا کر اردو میں دو ناول لکھے گئے ہیں۔ ایک غضنفر کا 'دویہ بانی' اور دوسرا 'صغیر رحمانی کا 'تخم خوں'۔ دویہ بانی کا تعلق بظاہر صوبہ بہار سے نہیں ہے مگر جس طرح کے مناظر، لفظیات اور جزئیات سے ہمارا واسطہ پڑتا ہے اس سے اندازہ ہوتا ہے کہ مصنف کی نگاہ میں بہار کے ہی علاقے اور گاؤں رہے ہیں۔

مگر ناول کی شاعرانہ زبان اور قدیم روایت پر مبنی کہانی کی وجہ سے یہ دلتوں کی معاصر صورت حال کا عکاس نہیں ہو سکا ہے۔ اس کے مقابلے میں صغیر رحمانی کا ناول 'تخم خوں' بہار کے دلت سماج اور ان کی معاشرت کو زیادہ حقیقی انداز میں پیش کرتا ہے۔ جنوبی بہار میں شاہ آباد کا علاقہ بھوجپور ہے جو دھان کی زبردست پیداوار کی وجہ سے 'چاول کا کٹورا' بھی کہلاتا ہے۔ اِس علاقے میں نکسل موومنٹ اور دلت تحریک کی ایک طویل تاریخ رہی ہے۔ صغیر رحمانی نے اس تاریخ کا مطالعہ گہرائی سے کیا ہے اور ماضی قریب کے دلت جدوجہد، طبقاتی احتجاج اور اس سے وابستہ سیاست کا مشاہدہ بغور کیا ہے۔ اس لیے تخم خوں کا ہر صفحہ ان کے مطالعے اور مشاہدے کا عکاس ہے۔ انھوں نے دلت معاشرے کو اخباروں اور کتابوں سے نہیں جانا ہے بلکہ دلت کرداروں کے ساتھ جی کر ان کی سائیکی میں اترنے کی کوشش کی ہے۔

آل احمد سرور نے ایک جگہ لکھا ہے کہ "کسی ملک کے رہنے والوں کے تخیل کی پرواز کا اندازہ وہاں کی شاعری میں ہوتا ہے مگر اس کی تہذیب کی روح اس کے ناولوں میں اجاگر ہوتی ہے۔" بہار کی تہذیب و ثقافت کی روح بھی وہاں لکھے گئے فکشن کی مدد سے بہتر طور پر سمجھا جا سکتا ہے۔ گویا بہار کی ایک ذہنی اور سماجی تاریخ اِس فکشن میں محفوظ ہو گئی ہے۔ یہ ناول صرف بہار کا نام استعمال نہیں کرتے بلکہ ان میں ہم صدیوں سے جوجھتے، جدوجہد کرتے انسانوں کی پوری تاریخ دیکھ سکتے ہیں۔ یہاں یہ بات بھی واضح کر دوں کہ طوالت کے خوف سے ایسے بہت سارے ناولوں اور افسانوں کا ذکر نہیں ہو سکا ہے جن میں بہار کے علاقائی اور تہذیبی

اثرات کو واضح طور پر محسوس کیا جا سکتا ہے۔ میں ذکی انور، انور عظیم، ظفر اوگانوی، کلام حیدری، قاسم خورشید وغیرہ کا بھی ذکر کرنا چاہتا تھا اور خواتین کے مسائل کے ذکر کے لیے آشا پربھات، ذکیہ مشہدی، قمر جہاں، اشرف جہاں اور نوشابہ خاتون وغیرہ پر بھی گفتگو کرنا چاہتا تھا، اختر آزاد، مجیر احمد آزاد اور خورشید حیات وغیرہ کے نئے موضوعات و مسائل کو بھی گرفت میں لینا چاہتا تھا اور چاہتا تھا کہ شوکت حیات، پیغام آفاقی، ذوقی وغیرہ کے فکشن سے بہار کا عطر کشید کروں، اور بھی باتیں تھیں، اور بھی نکات تھے جنھیں وقت اور صفحات کی تنگی کے سبب چھوڑ دینا پڑا ہے۔ مگر مجھے یقین ہے کہ یہ جائزہ اس کا اعتراف کروانے کے لیے کافی ہے کہ بہار کی علاقائی اور تہذیبی زندگی مذکورہ افسانوں اور ناولوں میں پوری طرح واضح ہو کر سامنے آتی ہے۔ یہ فکشن بہار کی خارجی حقیقتوں اور تجربوں کا ہی احاطہ نہیں کرتا بلکہ خارجی وسیلے سے یہاں کے باشندوں کی ذات کے نہاں خانوں میں اتر کر ان کی خوابیدہ حِس کو بیدار کرنے اور ان کے ساکت وجدان میں تحرک پیدا کرنے کی بھی سعی کرتا ہے۔ مجموعی طور پر یہ کہا جا سکتا ہے کہ ہمارے اردو فکشن کا ایک بڑا حصہ فکری و موضوعاتی سطح پر بہار کی زندگی اور معاشرے کے مختلف النوع گوشوں اور جہتوں کا بخوبی احاطہ کرتا ہے اور دونوں سطح پر اردو ناول نگاری کے دامن کو وسعت و تنوع سے ہمکنار کرتا ہے۔

***

۶

ہندوستانی آئین میں اردو زبان کا مقام

آفتاب عالم

انسانی زندگی میں زبان کی اہمیت :

انسان فطری طور پر معاشرے میں ایک ساتھ زندگی گزارنا پسند کرتا ہے اسی وجہ سے بنی نوعِ انسان نے موجودہ معاشرے کی تشکیل کی ہے۔ زبان انسانی تعلق کا ایک اہم جز ہے۔ اگرچہ تمام انواع کے جاندار کے رابطے کے طریقے الگ الگ ہیں لیکن انسان کے رابطے کا ذریعہ صرف زبان ہے۔ زبان میں معاشرے کو بنانے اور تباہ کرنے دونوں کی طاقت ہے۔ انسان کی زندگی میں زبان کی اہمیت ناقابلِ تردید ہے کیوں کہ جذبات، احساسات اور نظریات کے اظہار اور آپسی تعامل اور تہذیب و تمدن کے تحفظ اور ترسیل کا واحد ذریعہ زبان ہے۔ زبان ہی ہے جو انسان کو تمام جاندار سے ممتاز کرتی ہے اور اہم، بے مثال اور اعلی ترین مخلوق بناتی ہے۔ زبان صرف ذریعہ مواصلات ہی نہیں بلکہ جب ہم بات کرتے ہیں، پڑھتے اور لکھتے ہیں یہاں تک کہ جب ہم سماج بنانے کے عمل میں ہوتے ہیں، گاڑی چلاتے ہیں یا تجارت کرتے ہیں ہر جگہ زبان کو کسی نہ کسی شکل میں استعمال کرتے ہیں۔ یہ کہنا بجا

ہوگا کہ زندگی کے ہر پہلو میں زبان شامل ہے۔ زبان کی اصطلاحی تعریف یہ کی جاسکتی ہے کہ زبان الفاظ، علامتوں، نشانیوں، آوازوں، اشاروں کا ایک نظام ہے جس کا استعمال ایک طبقہ، قوم اور ایک ثقافت کے لوگوں میں عام ہوتا ہے۔

زبان اور ثقافت:

زبان اور ثقافت میں ایک گہرا ربط ہے اور دونوں کے مابین جز اور کل کا رشتہ ہے۔ ہر زبان کسی نہ کسی مخصوص قوم اور لوگوں کی جماعت کی نشاندہی کرتی ہے اور اس کی ثقافت کا اظہار اسی زبان کے ذریعے ہوتا ہے۔ جب ہم کسی دوسری زبان والے کے ساتھ بات چیت کرتے ہیں تو اس کا مطلب یہ ہے کہ ہم اس ثقافت کے ساتھ بات چیت کرتے ہیں۔ دنیا کی کسی بھی ثقافت تک رسائی اور اس کی سمجھ بغیر اس کے متعلق زبان کے نہیں ہوسکتی۔ کرامچ (۱۹۹۱) نے کہا ہے کہ زبان اور ثقافت دونوں لازم اور ملزوم ہیں اور ایک ہی سکے کے دورخ ہیں۔ زبان اور ثقافت دونوں ہی انسانی زندگی کے لازمی جز ہیں نیز زبان ثقافت کا تعین کرتی ہے اور اس پر اثر انداز ہوتی ہے۔ ثقافت کے بغیر زبان مردہ ہے اور زبان کے بغیر ثقافت کی کوئی شکل نہیں ہوگی۔ زبان انسان کی شخصیت اور اس کی تہذیب و ثقافت کا لازمی جز ہے جس کا کردار نوع انسانی کو وحشت سے نکال کر معاشرتی زندگی میں لانے میں اہم ہے۔ ایک نسل سے دوسری نسل تک تہذیب و ثقافت اور علوم و فنون منتقل کرنے میں زبان کا رول نا قابل فراموش اور نا قابل تردید ہے۔

اردو زبان اور اس کی مقبولیت:

اردو زبان خالص ایک ہندوستانی زبان ہے جس میں اتنی شیرینی ہے کہ اس کو محبت کی زبان کہا جاتا ہے اور اس کی ابتدا بھی غزل اور عشق و عاشقی کی شاعری سے ہوئی ہے۔ آزادی سے پہلے اور اس کے بعد بھی اس زبان کی مقبولیت میں کبھی کمی نہیں آئی بلکہ بر صغیر کی نہایت مقبول اور ہندوستان کی آئینی زبانوں میں سے ایک ہے۔ اس زبان پر عربی اور فارسی کے اثرات ہونے کے باوجود ہندی کی طرح ایک ہند آریائی زبان ہے جس کی پیدائش اور ترقی برّ صغیر ہند میں ہوئی۔ اردو اور ہندی دونوں جدید ہند آریائی زبانیں ہیں اور دونوں کی اساس یکساں ہے، صوتی اور قواعدی سطح پر دونوں زبانیں اتنی قریب ہیں کہ ایک زبان معلوم ہوتی ہیں لیکن طریقۂ استعمال اور رسم الخط کی سطح پر دونوں میں فرق نمایاں ہے۔

اردو جنوبی ایشیا کی اہم اور بڑی عوامی زبانوں میں سے ایک ہے اور روز بہ روز اس کی مقبولیت میں اضافہ ہی ہو رہا ہے۔ حقیقت میں یہ زبان عوامی تہذیب کی سطح پر ترسیل کا ذریعہ ہے اور فلموں، ڈراموں اور تمام طرح کے تفریحی پروگرام میں وسیع پیمانے پر استعمال کی جاتی ہے۔ اس کے باوجود کہ اردو دنیا کی نئی زبانوں میں سے ایک ہے لیکن اپنے پاس معیاری ادب اور اس کا ایک وسیع ذخیرہ رکھتی ہے اور خصوصاً جنوبی ایشیائی زبانوں میں یہ اپنی شاعری کے حوالے سے مشہور اور معروف ہے۔

ہندوستان میں زبان کی پالیسی:

ہندوستان کی تاریخ گواہ ہے کہ اس ملک میں زبان، تہذیب و تمدن،

نسل، مذہب اور ذات وغیرہ کا تنوع نہایت ہی قدیم اور مضبوط ہے۔ تنوع اس ملک کی شناخت ہے اوراس کثیر ثقافتی اور کثیر لسانی معاشرے میں موجود امن وشانتی اور بھائی چارے کی وجہ ہے کہ تنوع میں وحدت کے لیے دنیا میں ہندوستان کی مثال دی جاتی ہے۔ آزادی کے بعد مجلس دستور ساز نے آئین ہند میں بھی اس تنوع کا پاس و لحاظ رکھا۔ عہد قدیم اور عہد وسطی نیز عہد جدید میں بھی ہندوستان کے مختلف علاقوں میں مختلف حکمرانوں کی حکومت ہونے کی وجہ سے مختلف زبانیں بولی جاتی تھیں۔ اس ملک میں افراد بیک وقت کئی زبانیں استعمال کرتے ہیں مثلاً ایک زبان معاشرے میں دوسری زبان آفس میں اور تیسری زبان مذہبی معلومات اور رسومات میں۔ تاریخی طور پر اکثر ممالک میں یہ دیکھا گیا ہے کہ ہمیشہ مذہبی رسومات، عدالت اور اشراف کی زبان، تعلیم اور ادب و ثقافت کی زبان اور گھر اور معاشرے کی ایک زبان ہوتی ہے اور اعلی تعلیم اور اشراف کی زبان کا ہی غلبہ رہتا ہے لیکن ہمارا ملک ہندوستان اس معاملے میں منفرد ہے کیوں کہ ہندوستان میں ہر ۶۰-۸۰ کیلو میٹر میں زبانیں بدل جاتی ہیں اور کسی ایک زبان کا غلبہ بھی نہیں ہے۔ ویدک عہد میں رابطے کی زبان سنسکرت تھی، اس کے بعد پالی، عہد وسطی میں فارسی اور پھر اردو اور انگریزوں کے دور میں انگریزی اور آزادی کے بعد ہندوستان کے مختلف حصوں میں ہندی کے ساتھ اردو بھی رابطے کی زبان ہے۔

آئین ہند:

یہ آئین جمہوریہ ہند کا دستور اعلی اور دنیا کا سب سے ضخیم تحریری دستور ہے

جس میں جمہوریت کے بنیادی سیاسی نکات اور حکومتی اداروں کے ڈھانچے، طریقہ کار، اختیارات اور ذمے داریوں نیز شہریوں کے بنیادی حقوق، رہنما اصول اور ان کی ذمے داریاں شامل ہیں۔ اس دستور کا معمار اعظم ڈاکٹر بھیم راؤ امبیڈکر ہیں جو آئین ہند کی مجلس مسودہ سازی کے صدر تھے۔ آئین ہند کے مطابق دستور کو موجودہ پارلیمان پر فوقیت حاصل ہے لہذا پارلیمان اس دستور کو معطل نہیں کر سکتی ہے۔ آئین ہند کو مجلس دستور ساز نے ۲۶ نومبر ۱۹۴۹ کو تسلیم کیا اور ۲۶ جنوری ۱۹۵۰ کو نافذ کیا۔ نفاذ کے وقت یہ دستور ۲۲ ابواب، ۸ درج فہرست اور ۳۹۵ پر مشتمل تھا اور جنوری ۲۰۱۹ کے ڈاٹا کے اعتبار سے ۱۰۳ ترمیم کے بعد اس دستور میں ۲۵ ابواب، ۱۲ درج فہرست اور ۴۴۸ ہیں۔ اس ملک کے عاملہ، مقننہ اور عدلیہ کو اختیار اسی دستور سے ملتا ہے اور سب اسی کے پابند ہیں۔

دستور ہند کی دفعہ ۲۱ اور ۲۱ اے:

دفعہ ۲۱ کے تحت اس ملک کے ہر شہری کو اپنی زندگی اور ذاتی آزادی کے تحفظ کا حق حاصل ہے۔ قانون کے ذریعے قائم کردہ طریقہ کار کے علاوہ کسی بھی شخص کو اس کی زندگی اور ذاتی آزادی سے محروم نہیں کیا جا سکتا ہے۔ دفعہ ۲۱ اے شہریوں کو یہ بنیادی حق دیتا ہے کہ ریاست چھ سے چودہ سال کی عمر کے بچوں کو مفت اور لازمی تعلیم مہیا کرے اور اس کے لیے ریاست قانون بنا سکتی ہے۔ قومی تعلیمی پالیسی ۲۰۲۰ میں چودہ کی عمر کو بڑھا کر ۱۸ کر دیا ہے۔ اب اس میں اسکول کی مکمل تعلیم آجاتی ہے جو مفت اور لازمی اس ملک کے ہر بچے کو دی جائے گی۔

دونوں دفعات سے یہ استخراج ہوتا ہے کہ اس ملک کا ہر شہری اپنی مرضی سے جینے اور آزادی سے جینے کا بنیادی اور آئینی حق رکھتا ہے اور اس آزادی سے جینے میں اپنے تہذیب و تمدن، ثقافت اور ریتی رواج کے ساتھ جینا شامل ہے۔ ۲۰۰۹ میں Right to Education (آر ٹی ای) ایکٹ پاس ہوا جس کا مقصد اس ملک کے ہر بچے کو مفت اور لازمی اسکول کی تعلیم دینا ہے۔ لہٰذا وہ اپنے آئینی حقوق، ذمے داریاں اور تہذیب و تمدن، ثقافت اور ریتی رواج اور اس کی اہمیت سے بخوبی واقف ہو جائیں گے اور ان کے تحفظ کے لیے اقدامات بھی اٹھا سکیں گے۔ جس فرد اور شہری کی تہذیب و تمدن، ثقافت کا حصہ اردو زبان ہے وہ صرف اس کے ساتھ جینے پر اکتفانہ کر کے اس کے تحفظ کے لیے اپنے آئینی حقوق کا استعمال اور اقدامات بھی اٹھائیں گے۔

ہر مذہب اس کی تعلیمات کسی نہ کسی زبان کے سہارے لوگوں تک پہنچتی ہیں۔ اردو کی ابتدائی دور میں ترویج و اشاعت اور ترقی میں صوفیائے کرام کا ناقابل فراموش کردار رہا ہے اور شروع سے ہی مدارس اور مکاتب بھی اس ضمن میں نہایت ہی اہم کردار ادا کر رہے ہیں۔ ہندوستان بلکہ اس بر صغیر میں اسلامی تعلیمات اور مذہبی معلومات کا سب سے بڑا ذخیرہ اردو زبان میں موجود ہے۔ مذکورہ بالا دفعات کے ذریعے حاصل شدہ بنیادی حقوق کے حصول کے ضمن میں اردو زبان کا تحفظ اور ترویج و اشاعت کی جا سکتی ہے۔ آئینِ ہند مذہب کے تعلق سے جو بنیادی حقوق فراہم کرتا ہے اس کے ذریعے مختلف زبانوں کو تحفظ حاصل ہے اور ان کی وجہ سے

زبان کی بھی حفاظت کی جاسکتی ہے۔

دستور ہند کی دفعہ ۲۹ اور ۳۰:

دفعہ ۲۹ اور ۳۰ دونوں اقلیتوں کو کچھ مخصوص حقوق کی ضمانت دیتی ہیں۔ دفعہ ۲۹ اقلیتوں کے مفاد کا تحفظ اس طرح کرتی ہے کہ کوئی بھی الگ زبان، رسم الخط اور ثقافت رکھنے والے شہری اور قوم کو اپنے ان امور کے تحفظ کا مکمل حق حاصل ہے۔ ان دفعات کے تحت کسی کے ساتھ بھی مذہب، نسل، ذات، زبان یا ان میں کسی کی بنیاد پر امتیازی سلوک نہیں کیا جاسکتا۔ دفعہ ۳۰ اقلیتوں (مذہب یا زبان کی بنیاد پر ہو) اس بات کا حق دیتا ہے کہ وہ اپنے اعتبار سے تعلیمی ادارے قائم کریں اور انتظام کریں۔ حکومت اقلیتوں کے اداروں میں مداخلت نہیں کر سکتی اور نا ہی ان کے ساتھ امتیازی سلوک کرتے ہوئے ان کی امداد روک سکتی ہے۔ لسانی اور مذہبی اقلیتوں کے تحفظ کو یقینی بنانے کے لیے قومی اقلیتی کمیشن کا قیام عمل میں آیا ہے۔

یہ بات ثابت ہو چکی ہے کہ زبان افراد کی ثقافت اور تہذیب و تمدن کا ایک جزوِلاینفک ہے اور جن لوگوں کی زبان اردو ہے یہ ان کی بھی ثقافت کا ایک حصہ ہے۔ لہذا اس کے بولنے والوں کو مکمل آئینی حق حاصل ہے کہ اس کا تحفظ کریں اور اس غرض سے اپنے تعلیمی ادارے قائم کریں اور حکومت سے امداد بھی حاصل کریں۔ آئین ہند کی یہ دو دفعات اردو زبان والوں کو بنیادی حق دیتی ہیں کہ اس زبان کے فروغ اور ترقی کے لیے ہمہ جہت کوششیں کریں۔ ان ہی دفعات کے تحت

ملک میں لاکھوں لسانی اقلیتی تعلیمی ادارے قائم ہیں اور لسانی خدمات میں مشغول ہیں خصوصی طور پر اردو زبان میں تعلیم دینے والے تعلیمی ادارے لا محدود ہیں جن سے اردو زبان کا براہ راست فروغ ہو رہا ہے۔

دستور ہند کی دفعہ ۳۵۰، ۳۵۰اے اور ۳۵۰بی:

دفعہ ۳۵۰ ہر شہری کو حق دیتی ہے کہ وہ اپنی شکایت کے ازالے کے لیے یونین اور صوبے کے کسی افسر یا اتھارٹی کے پاس اس ملک میں استعمال ہونے والی کسی بھی زبان میں اپنی نمائندگی پیش کرے۔ ۳۵۰اے کے تحت اس ملک کی ہر ریاست اور مقامی اتھارٹی کی یہ کوشش ہوگی کہ وہ لسانی اقلیتی گروہوں سے تعلق رکھنے والے بچوں کو تعلیم کے بنیادی مرحلے میں مادری زبان میں تعلیم کے لیے مناسب سہولیات مہیا کریں۔

صدر جمہوریہ کسی بھی ریاست کو اس طرح کی ہدایات جاری کر سکتے ہیں اگر وہ اس طرح کی سہولیات کی فراہمی کو محفوظ بنانے کے لیے ضروری یا مناسب سمجھتا ہے۔ ۳۵۰بی کے تحت لسانی اقلیتوں کے لیے ایک خصوصی افسر کی تقرری صدر جمہوریہ کے ذریعے کی جائے گی۔ یہ افسر آئین کے تحت لسانی اقلیتوں کو حاصل شدہ حقوق کی حفاظت سے متعلق تمام معاملات کی تحقیقات کرے گا اور صدر جمہوریہ کو رپورٹ کرے گا، یہ رپورٹیں ہر سال ایوان کے سامنے رکھی جائیں گی اور متعلقہ ریاستوں کی حکومتوں کو بھی بھیجی جائیں گی۔ ان دفعات کے مد نظر اردو کے محبین حکومتی معاملات میں اردو زبان کا کثرت سے استعمال کر سکتے ہیں اور

حکومتوں کو پابند کرا سکتے ہیں کہ ان کے بچوں کو اردو زبان میں ہی بنیادی تعلیم مہیا کرائیں اور ایسا نہ ہونے پر اس کی شکایت اس افسر سے کر سکتے ہیں۔

دستور ہند کی دفعہ ۳۴۵ اور ۳۴۷:

دفعہ ۳۴۵ ملک کی ہر ریاست کو حق دیتی ہے کہ وہ اپنی مقننہ کے ذریعے ریاست میں بولی جانے والی زبانوں میں سے کسی ایک یا زیادہ زبان کو سرکاری زبان کے طور پر اپنا سکے۔ دفعہ ۳۴۷ کے تحت ریاستیں اپنی عوام کے ایک مخصوص طبقے کے ذریعے بولی جانے والی زبان کو پوری ریاست میں یا کسی خاص حصے میں ان عوام کے تقاضے پر حکومتی زبان کے طور پر مان سکتی ہیں اور مخصوص انتظامات کر سکتی ہیں۔

نئی تعلیمی پالیسی ۲۰۲۰ اور ہندوستانی زبانوں کا فروغ:

نئی تعلیمی پالیسی ہندوستان کی اکیسویں صدی کی سب سے اہم تعلیمی پالیسی ہے جو ایک لمبے انتظار کے بعد ۲۰۱۹ میں ایک مسودے کی شکل میں پیش کی گئی۔ ہندوستان کی یونین کابینہ نے اس مسودے کو ۲۹ جولائی ۲۰۲۰ کو اپنی منظوری دی۔ یہ پالیسی ہر زاویے سے انقلابی، دوررس اور جامع ہے اور تعلیم کے تمام پہلوؤں جیسے بنیادی تعلیم، اعلی تعلیم، درس و تدریس، نصاب، تعلیمی نظم و نسق، صنعتی تعلیم، تعلیمی سرمایہ کاری، تعلیم بالغان اور تکنیکی تعلیم وغیرہ پر سیر حاصل بحث کی ہے۔ اس پالیسی نے ملک کے تعلیمی ڈھانچے کے سارے زاویے جیسے قوانین، انتظام اور نظم وضبط وغیرہ میں تصحیح اور سدھار کی پیشکش کی تا کہ ایک ایسا نیا نظام تیار کیا جائے

جو اکیسویں صدی کے مقاصد کو پورا کرے اور امیدوں پر کھرا اترے۔

اس پالیسی کے ذریعے تمام ہندوستانی زبانوں بشمول اردو بھی شامل ہے کے تحفظ، نشو ونما اور فروغ کی ضمانت دی گئی ہے۔ اس پالیسی میں اس بات پر زور دیا گیا ہے کہ ہر علاقے کی ثقافت وروایات کی صحیح شمولیت، اس کا تحفظ اور اسکولوں میں تمام طلبا کی صحیح تفہیم اسی وقت حاصل ہو سکتی ہے جب قبائلی زبانوں سمیت تمام ہندوستانی زبانوں کو مناسب احترام دیا جائے۔ اس طرح صحیح معنوں میں ہندوستان کی زرخیز زبانوں جیسے اردو زبان اور ادبیات کا تحفظ کرنا بالکل ناگزیر ہے۔ اس پالیسی میں اس کی یقین دہانی کی گئی ہے کہ پورے ہندوستان میں مضبوط قومی اور علاقائی زبان اور ادب کے پروگراموں، اساتذہ کی تقرری، تحقیق اور کلاسیکی زبانوں کے فروغ کے ذریعے زبان، ادب اور سائنسی الفاظ پر توجہ مرکوز کی جائے گی۔ کلاسیکی زبان وادب کے فروغ کے لیے موجودہ قومی اداروں کو مضبوط کیا جائے گا اور ایک قومی انسٹی ٹیوٹ برائے پالی، فارسی اور پراکرت بھی قائم کیا جائے گا۔ سائنسی اور تکنیکی اصطلاحات کے کمیشن (Commission for Scientific and Technical Terminology) کا منشور اور فرمان یعنی ملک بھر میں یکساں استعمال کے لیے ذخیرہ الفاظ تیار کیا جائے گا۔

خاتمہ

مذکورہ بالا آئین کی دفعات اور ان میں اس ملک کے شہریوں کو دیے گئے حقوق اردو کی ترقی اور فروغ کا ضامن ہیں بشرطیکہ اس زبان کے بولنے والے اور

اس کی محبت کا دعوی کرنے والے ان دفعات اور حقوق سے واقف ہوں۔ محض واقفیت بھی کافی نہیں ہے بلکہ اس زبان کی ترقی اور فروغ کے لیے دیگر زبانوں کی طرح سعی مسلسل کی ضرورت ہے۔

اس زبان کی ترقی کے لیے خلوص کے ساتھ اس زبان کا کثرت سے استعمال کرنے، تعلیمی ادارے جہاں ذریعہ تعلیم اردو ہو قائم کرنے، اور اردو زبان کے فروغ کے لیے اس ملک میں قائم اداروں کو مضبوط کرنے کی ضرورت ہے۔ اس زبان کے تحفظ کے لیے آئین ہند کی جانکاری اور اس کی تعمیل نیز جمہوری اقدار اور طریقہ کار کو اپنانے کی ضرورت ہے۔ اس زبان میں اتنی حلاوت ہے کہ یہ زبان بذات خود ترقی کی راہ طے کرے گی بشرطہ کہ اس کے راستے میں رکاوٹ پیدا نہ ہو اور اگر ہو تو اس کو دور کیا جائے۔

***

۷

اردو زبان و ادب کی ترویج میں سائبر سماج کا حصہ

ڈاکٹر خان محمد آصف

ہم جس دور میں سانس لے رہے ہیں وہ نت نئی ایجادات و اختراعات کا دور ہے۔ جو چیزیں آج تک طلسماتی اور قولِ محال سمجھی جاتی تھیں، سائنس و ٹکنالوجی نے انھیں سچ کر دکھایا۔ موجودہ عہد میں انٹرنیٹ انسان کی روز مرہ زندگی کا جزو لاینفک بن چکا ہے۔ماضی کا انسان اپنے خیالات و جذبات کا بیان خطوط سے کیا کرتا تھا۔ اس کے بر عکس آج بلاگس، ٹویٹر اور واٹس اپ کے ذریعے پیغام کی بآسانی ترسیل کی جاسکتی ہے۔انٹرنیٹ کے اثرات نے کائنات کے حجم کو سمیٹ کر گلوبل ولیج میں تبدیل کر دیا ہے۔ اطلاعاتی انقلاب نے کائناتی نظام کو سائبر اتیج میں منتقل کر دیا ہے، جہاں معلومات کا لا متناہی انبار ہے۔ اس سائبر اسپیس میں ڈیجیٹل لائبریریز، انسائیکلوپیڈیا، اخبارات ورسائل، ویب سائٹس، بلاگز اور ای کتب موجود ہیں، جو اردو زبان و ادب کے فروغ میں کارہائے نمایاں انجام دے رہی ہیں اور اردو کی لسانی، تہذیبی اور ثقافتی قدروں کو روایتی محبان اردو کے علاوہ ان حلقوں سے جوڑ رہی ہیں، جو بالعموم اردو والوں میں شمار نہیں کیے جاتے۔ تو دوسری طرف انٹرنیٹ

نے اردو رسم الخط کے تحفظ کے ساتھ ساتھ اس کی ترویج و اشاعت میں مثبت کردار ادا کیا۔ محبان اردو کو اس بات کا غم کھائے جارہا تھا کہ اگر اردو کو سوشل نیٹ ورکنگ سے نہیں جوڑا گیا تو اردو زبان و ادب کا تہذیبی و ثقافتی اثاثہ ٹکنالوجی کی تیز رفتار اور چکا چوند دنیا میں دھند پڑ جائے گا۔ اردو کے شیدائیوں کے اسی لگن اور جذبے نے زبان کو نئی ٹکنالوجی سے ہم آہنگ کیا اور انھوں نے اپنی اس کوشش کو عملی جامہ پہنانے کے لیے ذاتی سرمایہ لگانے سے بھی گریز نہیں کیا۔ یہ انھیں کی محنتوں کا ثمرہ ہے کہ آج انٹرنیٹ پر اردو ڈیجیٹل لائبریریز اور کئی اہم ادبی، تہذیبی، ثقافتی اور تعلیمی سائٹس موجود ہیں۔ اس مقالے میں اردو کی انھی ویب سائٹس اور بلاگز کا تجزیاتی و تنقیدی مطالعہ کیا گیا ہے، جو اردو زبان و ادب کے فروغ میں مثبت کردار ادا کر رہے ہیں۔ تاکہ اردو زبان اپنے رسم الخط کے ساتھ محفوظ ہو جائے۔ اردو کی ان ویب سائٹس کا مقصد جہاں زبان و ادب اور تہذیب و ثقافت کی ترویج و اشاعت ہے، وہیں نئی نسل کے اندر صالح اقدار کو پروان چڑھانا بھی ہے تاکہ ادبی ذوق رکھنے والوں کا ایک ایسا حلقہ وجود میں آئے جو اپنے ذوق کی تسکین ان ویب سائٹس کے ذریعے کر سکے۔ میری خواہش تھی کہ اپنے مضمون میں ان تمام ویب سائٹس کا تجزیہ و تعارف پیش کروں، جو اردو کے فروغ میں کام کر رہی ہیں۔ لیکن طوالت کی وجہ سے ایسا ممکن نہ ہو سکا۔ اس لیے صرف انھی ویب سائٹس کو اپنے مضمون کے لیے منتخب کیا جو اردو ادب کے طالب علموں، ریسرچ اسکالروں اور روایتی اور غیر روایتی محبان اردو کے ذوق کی تسکین کا ذریعہ ہیں۔

بہار اردو یوتھ فورم ڈاٹ آرگ کا قیام ۲۰۰۹ میں عمل میں آیا اس ویب

سائٹ کا مقصد بالعموم اردو زبان و ادب اور بالخصوص بہار کے اردو تخلیق کاروں کے فن پاروں کو انٹرنیٹ کے ذریعے فروغ دینا تھا۔ پچھلے آٹھ سالوں سے یہ ویب سائٹ اردو کی ترویج واشاعت کے لیے بھرپور کوشش کر رہی ہے جس کے نتیجے میں اب تک قومی و بین الاقوامی سطح پر ایک کروڑ سے زیادہ وزیٹرس اس سائٹ کی سیاحت کر چکے ہیں۔ اس ویب سائٹ پر ہندوپاک کے علاوہ اردو کی نئی بستیوں کے شاعروں اور ادیبوں کی تخلیقات کا مطالعہ کیا جا سکتا ہے۔ اس فورم کی اہمیت اردو دنیا میں اس وجہ سے مسلم ہے کہ اس پر شعرا و ادبا کے نام باعتبار حروف تہجی دیے گئے ہیں جس کے سبب ویب سائٹ کی شہرت و مقبولیت میں اضافہ ہوا اور اردو کے اسکالرس اور شائقین کو یہ آسانی ہوئی کہ وہ اپنے پسندیدہ شاعر و ادیب تک بلا کسی ٹکنیکل روک ٹوک کے پہنچ سکیں۔

بہار اردو یوتھ فورم نے اپنی ویب سائٹ کو دیدہ زیب اور پر کشش بنانے کے لیے ۳۴۱ شعرا کی ڈیزائن پوئٹریز تیار کی ہے، اس کے علاوہ قاری کی دلچسپی کو ذہن میں رکھتے ہوئے افسانے، افسانچے، پوپ کہانیاں، منی افسانے کو جدید گرافک ڈیزائن سے مزین کر کے سائبر سماج کا حصہ بنایا۔ جس نے انٹرنٹ کی دنیا میں ایک ایسا انقلاب برپا کیا، جسے تاریخ ادب اردو کبھی فراموش نہیں کر سکتی۔ اردو ادب کی تاریخ میں اس فورم کی اہمیت سنگ میل کی رہے گی۔ اسی طرح ۲۵۸ کہانی کاروں کے ۸۹۶ افسانوی متون ڈیزائن کے ساتھ موجود ہیں۔

ادبی متن کے علاوہ انسانی شعبہ ہائے زندگی سے متعلق کل مضامین کی تعداد ۱۴۰۴ ہے۔ قارئین کو تلاش و جستجو میں کسی قسم کی پریشانی کا سامنا نہ کرنا پڑے اس

کے لیے مضمون نگاروں کے نام حروف تہجی میں دیے گئے ہیں۔ اس ویب سائٹ کو عالمی شہرت اس وجہ سے بھی حاصل ہے کہ اس پر ویزیٹرس کی پسند اور ضرورت کے متعلق مضامین وافر مقدار میں موجود ہیں۔ جن میں تعلیمی، اسلامی، سیاسی، ادبی، اسپورٹس اور خواتین و اطفال پر مضامین قابل ذکر ہیں، جن کی الگ الگ فہرست ہے تاکہ قاری کو پریشانی نہ ہو۔ تعلیمی مضامین کی کل تعداد ۲۸۱ ہے جس میں کمپیوٹر پر ۱۱، علم و فن پر ۶۵، معلوماتی باتیں ۱۶۲، مسلم معاشرے پر ۳۶، تعلیم کی اہمیت پر ۷ مضامین شامل ہیں۔ ادبی مضامین کی کل تعداد ۲۲۵۱ ہے آپ بیتی پر ۶۷، ادبی خبریں ۴۰۵، ادبی گوشہ ۳۶۰، افسانے ۳۸، غزلیں ۳۷، انٹرویوز ۲۱، لمحہ فکر ۲۳۸، مزاحیہ مضامین ۴۱، شخصیات ۴۰۲، شاعری ۳۷، تجزیاتی مطالعہ ۱۷۹، تیشۂ فکر پر ۳۳۲ مضامین شامل ہیں۔

اردو کے عام قاری کو اپنی طرف متوجہ کرنے کے لیے خاصی تعداد میں ایسے مضامین اپلوڈ کیے گئے ہیں جن کا تعلق نسائی حسن و ہستی سے ہے جیسے مضامین برائے نسواں جس کی کل تعداد ۱۸۹ ہے۔ اس میں خوبصورتی پر ۶، خواتین کے لیے ۶۶، امور خانہ داری سے متعلق ۹۴ اور خواتین کے صفحات کے نام پر ۲۳ مضامین شامل ہیں۔ اسلامی مضامین کی کل تعداد ۳۶۸ ہے اسلامی تعلیمات پر ۴۷، اسلامیات ۲۲۹، بزرگان دین کے حالات زندگی پر ۳۳ اور محمد عربی کی باتیں کے عنوان سے ۳۲ مضامین شامل ہیں۔ حالات حاضرہ پر ۵۰۵ مضامین ہیں جن میں بنگلہ دیش پر ۹، ہندستان پر ۳۶۵، پاکستان پر ۴۷، ساوتھ ایشیا پر ۸۰ اور عالمی سطح کے ۸۰ مضامین شامل ہیں۔ مضامین برائے اطفال کی کل تعداد ۷۷ ہے جن میں بچوں

کے لیے اصلاحی مضامین ۱۴، بچوں کی کہانیاں ۴۹ اور بچوں کی نظمیں ۱۴ شامل ہیں۔ فلمستان کی زرق برق دنیا اور ہیرو ہیروئن کے افیئرس پر ۳۹ مضامین ہیں جو فلمی شائقین کے لیے بڑا تحفہ ہے۔ سیاسی مضامین کی کل تعداد ۱۹۳ ہے جس میں قومی سطح کے مضامین ۵۴، ریاستی سطح کے ۲۷ اور ۲۰۱۴ کے عام انتخاب کے متعلق ۶۷ مضامین شامل ہیں۔ اس کے علاوہ اسپورٹس کی خبروں پر مشتمل مضامین کی تعداد ۳۸ ہے۔

بہار اردو یوتھ فورم کی ویب سائٹ پر معروف شخصیات، شعرا و ادبا کی ۶۱۲ ویڈیوز بھی ہیں جنھیں آپ بآسانی دیکھ اور سن کر لطف اندوز ہو سکتے ہیں۔ اس ویب سائٹ کا مقصد جہاں نئی نسل کو صالح اقدار عطا کرنا ہے وہیں ان کے اندر اردو زبان و ادب کے تہذیبی ورثے کو ان کے حوالے کرنا ہے تاکہ نئی نسل اردو کی شیرینی کے ساتھ اس کی ثقافت کو اپنے اندر سمو سکے۔ اس کے لیے انٹرنیٹ سے بہترین کوئی ذریعہ نہیں جس سے آج کی نسل پوری طرح ہم آہنگ ہے۔ لائق مبارک باد ہیں جاوید محمود صاحب جنھوں نے اردو ادب کے فروغ کے لیے انٹرنیٹ کو میڈیم کے طور پر انتخاب کیا اور اردو کے شعری اور نثری سرمائے کو اس کے وقار اور معیار کے ساتھ نئی ٹکنالوجی سے جوڑا۔

ریختہ ڈاٹ او آر جی کا بنیادی مقصد سائبر دنیا میں اردو کی شعری اصناف کو معیاری اور مستند متن کے ساتھ پیش کرنا ہے تاکہ قاری و سامع اردو تہذیب کے ساتھ صحیح تلفظ سے واقف ہو سکے۔ اس ویب سائٹ پر معروف و مقبول شعرا و ادبا کی تخلیقات کو اردو کے علاوہ دیوناگری اور رومن رسم الخط میں بھی آن لائن مہیا

کیا گیا ہے۔ چوں کہ غیر روایتی محبان اردو زبان کی چاشنی اور شرینی سے محظوظ ہوتے ہی ہیں لیکن اردو ادب اور بالخصوص شعری متن کی معنیاتی تفہیم سے نابلد ہوتے ہیں۔ ریختہ نے اردو ادب کے فہم کو فروغ دینے اور اس کے رس کو عقیدت مندانِ اردو تک پہنچانے کے لیے مشہور شعرا کے کلام کو ان کی اپنی آواز میں پیش کیا ہے۔ مقصد یہ ہے کہ سامعین و ناظرین کلام کے ساتھ ساتھ شاعروں کے صوتی آہنگ سے بھی لطف اندوز ہوں۔ جن شعرا کا آڈیو یا ویڈیو دستیاب نہ ہو سکا ان کے کلام کو عصر حاضر کے معروف شاعروں اور زبان کے ماہرین کی آواز میں محفوظ کیا گیا۔ جو ویب سائٹ پر دستیاب ہے۔ تا کہ سامع و ناظر شعری وزن و آہنگ سے حظ اٹھا سکیں۔

ریختہ کا اپنا ایک اسٹوڈیو ہے جس میں اردو کے ممتاز ادیبوں، شاعروں اور ناقدین سے انٹرویوز لیے جاتے ہیں۔ جس میں ہندوپاک کے نئی نسل کے شعرا و ادبا کے علاوہ بزرگ ادیبوں سے بھی استفادہ کیا جاتا ہے۔ ان انٹرویوز کا مقصد شاعروں اور ادیبوں کی آرا سے سامعین کو واقف کرانا ہوتا ہے تا کہ اس تیز رفتار دنیا کے بدلتے تہذیبی و ثقافتی رجحان میں شعر و ادب کی تفہیم ممکن ہو سکے۔ اس کے علاوہ ریختہ پر موضوعاتی اشعار کا ای۔ بینک بھی موجود ہے جس میں قاری اپنے پسندیدہ موضوع کے تحت اشعار کا انتخاب کر سکتا ہے اور اپنے عزیزوں کے ساتھ اسے شئیر بھی کر سکتا ہے۔ حال ہی میں ریختہ نے علم عروض پر آسان اور عام فہم زبان میں لیکچر سیریز شروع کی ہے تا کہ شعری ذوق و شوق رکھنے والے حضرات اشعار بحروں اور اس کے اصول و اوزان سے واقف ہو سکیں۔ ریختہ پر خصوصی گوشے کے تحت

لیجنڈ ادبا و شعرا کی تخلیقات پیش کی گئی ہیں جن میں قابل ذکر میر تقی میر، اسد اللہ خاں غالب اور سعادت حسن منٹو ہیں۔

ریختہ فاونڈیشن کے بانی سنجیو صراف کے بقول "ریختہ دراصل محبتوں کا پھول ہے جس کی خوشبو آج دنیا کے ۱۵۴ ملکوں تک پہنچ چکی ہے۔" سائبر اسپیس میں ریختہ کی مقبولیت اور اہمیت کا اعتراف کرتے ہوئے اس کے پہلے یوم تاسیس پر پروفیسر اختر الواسع نے کہا تھا کہ "اگر پچھلی صدی چھپے ہوئے حرف کی حرمتوں واشاعت کے حوالے سے منشی نول کشور کی صدی تھی تو سائبر انقلاب کے زمانے میں یہ سنجیو صراف کی صدی کہلائے گی۔" ریختہ ڈاٹ او آر جی کی ادبی حلقے میں مقبولیت اور کامیابی کو مد نظر رکھتے ہوئے اسے کمپیوٹر اسکرین کے ساتھ ساتھ موبائل اسکرین پر بھی دستیاب کرایا گیا ہے۔ اس صورت میں ایسی ہائی ٹیک ٹکنالوجی کا استعمال کیا گیا ہے جس سے ویب سائٹ پر موجود شعرا کا کلام، ای۔ بکس اور دیگر تمام آڈیوز اور ویڈیوز کو موبائل اسکرین پر بھی پڑھ، سنے اور دیکھے جا سکیں گے۔ ریختہ نے اردو ادب کی خوشبو کو نئی نسل تک پہنچانے کا جو ہائی ٹیک طریقہ اپنایا ہے اس کی جتنی تعریف کی جائے کم ہے۔

اردو سے متعلق انٹرنیٹ کی دنیا میں 'اردو ویب ڈیجیٹل لائبریری' کی اپنی الگ پہچان ہے اس کا مقصد اردو زبان و ادب کے بیش بہا، کم یاب اور نایاب سرمائے کو محفوظ کرنا، اسے معدوم ہونے سے بچانا بھی ہے تاکہ آنے والی نسل کے لیے اس کی رسائی آسان ہو سکے اور اردو زبان کے موجودہ مواد کو انٹرنیٹ کے ذریعے عوام تک بآسانی پہنچایا جا سکے۔ یہ ایک ایسی آن لائن لائبریری ہے جو کاپی رائٹ سے آزاد اپنے

قاری کو ادبی اور تدریسی مواد فراہم کرتی رہے، کتابوں کا یہ ایک ایسا پلیٹ فارم ہے جہاں سے علم و ادب کے چشمے پھوٹتے ہیں۔ علمی ذوق رکھنے والے، محققین اور علم کی تلاش و جستجو میں سرگرداں رہنے والوں کے لیے یہ آن لائن ڈیجیٹل لائبریری اولین مستند حوالے کی حیثیت سے جانی جاتی ہے۔ ڈیجیٹل لائبریری میں شامل متون سے آپ پوری طرح استفادہ کر سکتے ہیں بس شرط یہ ہے کہ اگر اس متن کو اپنی تحریر میں حوالے کے لیے استعمال کرنا چاہتے ہیں تو اردو ویب ڈیجیٹل کا حوالہ اور نام ضرور دیں۔ تاکہ سند رہے۔

'اردو کی برقی کتابیں ڈاٹ کام' اردو کی برقی کتابوں کی نشر و اشاعت اور ترویج میں فعال کردار ادا کر رہا ہے۔ یہ ویب سائٹ اردو کی مفت برقی کتابوں کا مطبع ہے جہاں کتابیں برقی شکل میں شائع ہوتی ہیں۔ کتابوں کی اشاعت کے سلسلے میں مندرجہ ذیل تین شرطوں کو ملحوظ خاطر رکھا جاتا ہے:

ا۔ جملہ حقوق (کاپی رائٹ) سے آزاد کتب کی اشاعت

۲۔ ان کتب کی اشاعت جو پہلے کاغذ پر شائع ہو چکی ہیں اور پرنٹ ورژن کے بعد مصنّفین یا ناشرین کی اجازت کے بعد برقی شکل میں پیش کی جائیں گی۔

۳۔ اب آپ بھی اپنی کتابیں برقی شکل میں شائع کرا سکتے ہیں اگر آپ کی کتاب اب تک شائع نہیں ہوئی ہو تو یہاں شائع کرا سکتے ہیں۔

اردو کی برقی کتابیں ڈاٹ کام پر دو موضوعات پر کتابیں موجود ہیں، متفرقات کے زمرے میں کئی موضوعات کا احاطہ کیا گیا ہے۔ تفصیل ملاحظہ کریں:

دین و مذہب

مذہبی لٹریچر پر ۴۲۵ کتابیں ہیں جو متعدد موضوعات کا احاطہ کیے ہوئے ہیں۔ مثلاً اسلام کے متعلق ۳۲، احادیث ۱۵، عقیدے پر ۵۷، سیرت نگاری ۱۱ اور اسلامیات پر ۳۱۰ کتابیں ہیں۔ اور دیگر ادیان پر سات کتابیں موجود ہیں۔

اردو کی برقی کتابیں ڈاٹ کام پر اردو ادب کی تمام اصناف مطالعے کے لیے موجود ہے جن میں شعری مجموعے، افسانوی مجموعے، ناول، داستان، ڈرامہ، تنقید و تحقیق، ادب اطفال، جاسوسی ادب اور طنز و مزاح شامل ہیں۔ اس ویب سائٹ سے کتابوں کے مطالعے کے ساتھ ڈاون لوڈ کر کے اپنے پاس محفوظ بھی کر سکتے ہیں۔

عصر حاضر میں جدید ٹکنالوجی کے ذریعے اردو زبان و ادب کی ترویج و اشاعت 'بزم اردو لائبریری' کا اولین مقصد ہے۔ دن بہ دن سکڑتی ہوئی دنیا اور اطلاعاتی ٹکنالوجی کے اس دور میں اردو زبان و ادب کے وسیع ذخیرے کو انٹرنیٹ پر پیش کیا جانا ایک ناگزیر امر بن چکا ہے۔ جب کہ نئی نسل وقت کی قلت اور مصروفیت کی بنا پر کتابوں سے دور ہوتی جا رہی ہے۔ اسی فکر نے اعجاز عبید کو برقی کتابیں جمع کرنے کی ترغیب دلائی، جس سے اردو قاری دنیا کے کسی بھی کونے سے بلا روک وٹوک اردو کے برقی مواد تک رسائی کر سکیں۔ اس دیوانگی نے انھیں کاپی رائٹ سے آزاد یونیکوڈ فارمیٹ میں کتابوں کو برقی شکل میں پیش کرنا شروع کیا۔ جو آج ایک عظیم الشان آن لائن حوالہ جاتی لائبریری کی شکل میں موجود ہے۔ آج اسی محنت اور لگن کا نتیجہ ہے کہ اینڈرائڈ ایپ کی معاونت سے اردو لٹریچر کے عظیم سرمائے کو آپ موبائل پر بھی دیکھ سکتے ہیں۔

کتابستان ڈاٹ کام نے اردو کی سائبر دنیا میں بڑے کم وقت میں اپنی جگہ بنالی

ہے۔اس کی ای۔ بک لائبریری میں اردو کے اصناف ادب کی اب تک سو کتابیں اپ لوڈ کی جا چکی ہیں، جن میں ناول، افسانے، خطوط کے مجموعے، کلاسک ادب، شاعری، مزاح، ادب اطفال، مقالے، تذکرہ و تحقیق، خودنوشت، سفر نامہ، شخصی خاکے، شکاریات، فلم آرٹ موسیقی اور رسائل و جرائد قابل ذکر ہیں۔ اس ویب سائٹ پر نایاب و کمیاب موضوعاتی کتابوں پر زیادہ توجہ دی جا رہی ہے۔ جس کی دسترس طلباور ریسرچ اسکالرز اور عام قارئین کی پہنچ سے باہر ہے۔

کتابستان ڈاٹ کام کا مقصد اپنے قارئین کو میعاری کتابیں بہم پہنچانا ہے، تاکہ نئی نسل کا قاری سستے، بازاری اور گھٹیا قسم کے رومانی موضوعات سے گریز کرے اور اپنے مطالعے میں عمدہ اور بہترین ادب کو رکھے۔ اس ویب سائٹ کا بنیادی مقصد بھی خالص اردو ادب کے فروغ کے لیے کام کرنا ہے،اس ویب سائٹ کی سبھی کتابیں اسکینگ شدہ پی ڈی ایف فارمیٹ میں موجود ہیں، جن کا آسانی کے ساتھ پرنٹ لیا جا سکتا ہے۔ لیکن یہاں کی کتابوں کو اقتباس یا حوالے کی صورت میں استعمال کرتے وقت کتابستان ڈاٹ کام کا حوالہ دینا ضروری ہے۔

ہند و پاک میں طلبا اور ریسرچ اسکالرز کے لیے پی، ڈی، ایف فائل کی صورت میں اردو زبان و ادب کے اہم موضوعات پر مشتمل کتابستان ڈاٹ کام کامیابی کی ہر لمحہ نئی تاریخ رقم کر رہا ہے۔ کئی مہینوں کی مسلسل سعی کے بعد ۱۷ اپریل ۲۰۱۶ کو گوشہ مشفق خواجہ کا اجرا عمل میں آیا ہے۔ جو اس ویب سائٹ کے لیے فال نیک ثابت ہو گا۔ اس گوشے میں خواجہ صاحب کے متعلق ۲۵ سے زائد کتب و رسائل شامل ہیں۔ جو ان کی شخصیت اور فکر و فن سے تعلق رکھتی ہیں۔ اس کے علاوہ خواجہ

صاحب کے خطوط اور کالمز کے مجموعے کا مطالعہ بھی کیا جاسکتا ہے۔

'اردو لائف ڈاٹ کام' اردو کی پہلی ویب سائٹ ہے جس نے اردو کی ادبی تاریخ میں پہلی مرتبہ قلم دوست ڈاٹ کام کے اشتراک سے ورچوئل مشاعرے کا انعقاد کیا۔ جسے اردو ادب کی تاریخ میں سنہرے حروف سے لکھا جائے گا۔ اس ویب سائٹ کی ادبی حلقوں میں مقبولیت کی وجہ یہ ہے کہ اردو ادب سے متعلق تقریباً تمام مشہور و معروف شعرا کے کلام ان کی آواز میں موجود ہیں۔ محفل مشاعرہ کے عنوان سے مشاعرے کا ڈیٹا بیس ذخیرہ بھی ہے جس میں آپ اپنی پسندیدہ غزلیں اور نظمیں بہ آسانی سرچ کر سکتے ہیں۔ اردو لائف ویڈیو کے عنوان کے تحت مشہور و مقبول شعرا کے کلام، انٹرویوز، ادبی تقریبات اور ادبی شخصیات پر ڈاکومنٹری فلموں کا ایک سلسلہ بھی شروع کیا ہے جسے حال ہی میں یوٹیوب پر منتقل کیا گیا ہے۔ محفل موسیقی کے تحت اس ویب سائٹ پر آپ کو معیاری، نایاب اور کمیاب موسیقی کا ذخیرہ ملے گا۔ اس کی انفرادیت یہ ہے کہ اس طرح کی موسیقی انٹرنیٹ پر دستیاب نہیں ہے۔

'اردو لائف ڈاٹ کام' نے ۲۰۰۶ میں اردو پیڈ کے نام سے انٹرنیٹ پر سب سے پہلے یونی کوڈ میں لکھنے کی سہولت بلا معاوضہ شروع کی، جو اردو کی ترویج واشاعت میں میل کا پتھر ثابت ہوا۔ اردو پیڈ کے استعمال کرنے والوں کی تعداد میں روز بروز اضافہ ہوتا جارہا ہے۔ قارئین کے ادبی ذوق کی تکمیل کے لیے اردو لائف ڈاٹ کام نے آن لائن انٹرنیٹ ادبی شمارے کی شروعات 'ادبی افق' کے نام سے کی، جس پر ادب کی مختلف شعری ونثری اصناف کا مطالعہ کیا جاسکتا ہے۔

'اردو پوائنٹ ڈاٹ کام' انٹرنیٹ کی دنیا میں اردو زبان و ادب کی ترویج و اشاعت میں اہم کردار ادا کر رہا ہے۔ روز اول سے ہی بزرگ ادیبوں اور استاذ شعرا کے ساتھ نئی نسل کے لکھنے والوں کو بھی بلا تفریق شائع کیا، لیکن ادبی معیار سے کبھی سمجھوتہ نہیں کیا۔ اردو کی اسی بے لوث خدمت اور مقبولیت کی وجہ سے دنیا بھر سے لاکھوں افراد اردو پوائنٹ کی سیاحت کرتے ہیں اور معیاری ادب سے اپنے ذوق کی تسکین کرتے ہیں۔ یہ ویب سائٹ اردو کی نئی نسل کے لکھاریوں کی حوصلہ افزائی اور رہنمائی شفیق استاذ کی طرح کرتا ہے۔ ان کی تخلیقات کو مناسب اور موزوں جگہ بھی فراہم کرتا ہے۔ اس ویب سائٹ پر مضامین، ادبی تحریریں، کتابیں، شاعری، ٹکنالوجی کے مضامین و خبریں، کالم، اخباری خبریں، مزاحیہ تحریریں اور پکوان سے متعلق تراکیب مطالعے کے لیے مل جائیں گی۔

اردو پوائنٹ ڈاٹ کام نے جہاں ادب کی دنیا میں اہمیت حاصل کی وہیں اردو صحافت میں بھی نمایاں مقام حاصل کیا۔ اپنی خبروں، مضامین، کالمز اور اداریوں میں صداقت اور سچائی کو فروغ دینے کا کام کیا۔ یہ کام اس نے بغیر کسی اندرونی و بیرونی دباؤ کے بڑی خوبصورتی اور ایمان داری سے انجام دیا۔ اردو پوائنٹ کی اسی حق گوئی اور دیانت داری نے قاری کے اندر یقین و اعتماد پیدا کیا اور آج 'روز نامہ اردو پوائنٹ' پاکستانی اور بین الاقوامی سائبر صحافت کی دنیا میں نمایاں مقام حاصل کر چکا ہے۔

عصر حاضر جدید ٹکنالوجی اور تیز رفتار ترقی کا عہد ہے۔ انٹرنیٹ کی ایجاد نے جغرافیائی سرحدوں کے ساتھ تہذیبی، ثقافتی اور لسانی حدود کو بھی منہدم کر دیا ہے۔

غیر ترقی یافتہ زبانیں نزع کی حالت میں دم توڑ رہی ہیں۔ ایسے میں اگر اردو زبان و ادب اور اس کے رسم الخط کو نئی ٹکنالوجی سے ہم آہنگ نہیں کیا گیا، تو ترقی کے اس دور میں ہمارا ادب، ہماری زبان اور ہماری تہذیب جس پر ہمیں فخر ہے، سب سے پیچھے رہ جائیں گی، کیوں کہ دور حاضر میں ترقی و تنزلی کا تمام تر دار و مدار جدید ٹکنالوجی پر ہے۔ حالاں کہ انٹرنیٹ پر ہزاروں ویب سائٹس اور بلاگس موجود ہیں جو اردو کی ترویج و اشاعت کا کام بڑی محنت اور دیانتداری سے کر رہی ہیں۔ ان میں سے معیاری سائٹس کا انتخاب کرنا میرے لیے جوئے شیر لانے کے مترادف تھا۔ کیوں کہ انٹرنیٹ پر اردو میں ڈیجیٹل کتب خانے اور کئی اہم ادبی، تہذیبی، ثقافتی اور تعلیمی سائٹس موجود ہیں لیکن میرے نزدیک اردو کی ان سائٹوں پر موجود مواد کا معیاری اور مستند ہونا شرط تھا۔ میں نے انھیں سائٹوں کو اپنے مقالے میں جگہ دی ہے جس پر متن سند کے ساتھ موجود ہے۔ اور جو معیاری ادب کو پیش کرتے ہیں۔ انٹرنیٹ پر اردو ادب کے حوالے سے اب تک جو کام ہوا ہے تشفی بخش تو ہے مگر کافی نہیں ہے۔ اس پر ابھی اور کام کرنے کی ضرورت ہے تا کہ اردو کا ادبی سرمایہ اپنے صحیح متن کے ساتھ قارئین تک پہنچے۔ اس ضمن میں کچھ ویب سائٹیں اچھا کام کر رہی ہیں مثلاً بہار اردو یوتھ فورم، کتابستان ڈاٹ کام اور ریختہ ڈاٹ او آر جی دنیا قابل ذکر ہیں، جن کی ستائش اور پذیرائی ہونی چاہیے۔

***